Kerstin Klein

KlassenlehrerIn sein

Das Handbuch

Tipps, Strategien,
Praxishilfen

Verlag an der Ruhr

Titel

KlassenlehrerIn sein
Das Handbuch
Tipps, Strategien, Praxishilfen

Autorin

Kerstin Klein

Fotos

Kerstin Klein,
© PhotoCase.com: S. 23, 55, 63, 79, 95, 119, 145, 155

Verlag an der Ruhr
Mülheim an der Ruhr
www.verlagruhr.de

Geeignet für die Klassen 1–13

Unser Beitrag zum Umweltschutz

Wir sind seit 2008 ein ÖKOPROFIT®-Betrieb und setzen uns damit aktiv für den Umweltschutz ein. Das ÖKOPROFIT®-Projekt unterstützt Betriebe dabei, die Umwelt durch nachhaltiges Wirtschaften zu entlasten.
Unsere Produkte sind grundsätzlich auf chlorfrei gebleichtes und nach Umweltschutzstandards zertifiziertes Papier gedruckt.

Ihr Beitrag zum Schutz des Urhebers

©Verlag an der Ruhr 2006
ISBN 978-3-8346-0154-4

Printed in Germany

Widmung

Dieses Buch ist möglich geworden, weil mein Mann meine Arbeit mitgetragen und mich in meinem Engagement bestärkt hat. Er war mir auch auf vielen Klassenfahrten ein guter und zuverlässiger Begleiter. Für seine Unterstützung und seine Geduld möchte ich ihm an dieser Stelle ganz herzlich danken.

> *Wer ein geborener Pädagoge ist,*
> *dem fällt diese Arbeit leichter.*
> *Wer mit Freude und Engagement an die Arbeit geht,*
> *dem wird sie auch besser gelingen.*

Die Aufgabe als LehrerIn[1] und insbesondere als KlassenlehrerIn wird natürlich durch eine positive Grundeinstellung, Engagement und Freude an der Arbeit erleichtert. Geborene Pädagogen machen intuitiv vieles richtig und finden so einen guten Zugang zu den Schülern. Doch in die vielfältigen Aufgaben eines Klassenlehrers werden die meisten erst im Laufe der Zeit hineinwachsen. Fachwissen wird an den Hochschulen vermittelt, doch die Umsetzung in die Praxis findet erst im Schulalltag statt. Dabei können Sie von erfahrenen, erfolgreich arbeitenden Kollegen das eine oder andere abschauen und sich Ratschläge einholen. Viele Anregungen bietet auch die umfangreiche Fachliteratur. Letztlich muss aber jeder seinen individuellen Stil finden.

Die Arbeit mit jungen Menschen ist interessant und abwechslungsreich, allerdings auch besonders verantwortungsvoll. Es macht Freude zu sehen, wie sich die Schüler während meiner Betreuung über die Jahre hinweg allmählich zu selbstständigen und selbstbewussten Persönlichkeiten entwickeln.

Als Klassenlehrerin habe ich vieles ausprobiert, verändert und manches auch selbst konzipiert. Dafür habe ich viel Zeit investiert, doch hat sich der Einsatz gelohnt. Nicht immer hat alles gleich so funktioniert, wie ich es mir vorgestellt habe. Manchmal gab es auch Probleme oder Enttäuschungen, mit denen ich mich auseinandersetzen musste.

---

[1] In diesem Buch wird sowohl die weibliche als auch die männliche Form verwendet. Es mögen sich immer alle weiblichen und männlichen Kollegen, alle Schülerinnen und Schüler angesprochen fühlen.

Anregungen für meine Arbeit habe ich mir immer wieder aus der Literatur und bei Lehrgängen geholt. Die Bücher und sonstigen Quellen, die für mich hilfreich waren, sind an den entsprechenden Stellen in diesem Buch erwähnt und im Literaturverzeichnis bzw. bei den Internetadressen aufgeführt. Wer möchte, kann sein Wissen damit weiter vertiefen.

Ingesamt kann ich nach meiner **dreißigjährigen Klassenlehrertätigkeit** sagen, dass ich mich bei der Arbeit mit meinen Klassen wohl gefühlt habe. Meine Klassen waren für mich immer auch ein Stück „Heimat".

Mit dem vorliegenden Buch möchte ich Ihnen vor allem die positiven Seiten und die besonderen Chancen dieser Tätigkeit nahe bringen und Ihnen meine vielfältigen Erfahrungen weitergeben.

Ich wünsche allen Klassenlehrerinnen und Klassenlehrern Freude und Erfolg bei dieser verantwortungsvollen Aufgabe!

Seit zwei Jahren bin ich nun mit der Ausbildung von angehenden Lehrern betraut. Ich muss eingestehen, dass mir meine Klassenlehrertätigkeit manchmal fehlt!

KlassenlehrerIn sein

„Wenn wir die Menschen nehmen, wie sie sind,
machen wir sie schlechter.
Wenn wir sie so behandeln, als wären sie,
was sie sein könnten,
bringen wir sie dahin,
wohin sie zu bringen sind."

Nach: Goethe, Wilhelm Meisters Wanderjahre

Meine erste Erfahrung als Klassenlehrerin war, dass man für die Schüler eine wichtige **Bezugs- und Vertrauensperson** sowie Ansprechpartner in „Freud und Leid" ist. Bei den Schülern meiner ersten Schulklasse, einer 5. Hauptschulklasse, hätte ich gar keine Möglichkeit gehabt, mich dieser Aufgabe zu entziehen, und ich hätte das auch nicht gewollt.

Für einen Klassenlehrer ist es besonders wichtig, so viel wie möglich – auch durch außerschulische Veranstaltungen – über die Schüler herauszufinden, sie in ihrer Individualität kennenzulernen und ernst zu nehmen. Man ist für „seine" Klasse in besonderem Maße **verantwortlich** und kann seine Schüler dabei unterstützen, ihre Fähigkeiten zu entwickeln und eine Gemeinschaft zu werden, in der sich jeder wohl fühlt.

Das Aufgabengebiet eines Klassenlehrers ist vielfältig und erfordert einen höheren Zeitaufwand als die Tätigkeit eines Fachlehrers. Gleichzeitig sind aber auch viele positive Erfahrungen und Chancen mit dieser Arbeit verbunden. Die ersten grundlegenden Informationen zu diesem Tätigkeitsbereich wird Ihnen das folgende Kapitel bieten.

1. Die „Klasse"

Eine Klasse ist erst einmal eine **zusammengewürfelte Zwangs-gemeinschaft** von Kindern oder Jugendlichen aus dem gleichen oder verschiedenen Orten oder Stadtteilen, aus der näheren oder etwas weiteren Umgebung.

Ein Einteilungskriterium ist in der Regel zunächst das Alter der Schüler. Dabei können sich im Laufe der Schulzeit Verschiebungen ergeben, wenn Schüler das Klassenziel nicht erreichen und eine Klassenstufe wiederholen, manchmal sogar mehrere. Dieses „Sitzenbleiben" ist für viele Schüler ein massiver Eingriff in ihre Entwicklung und kann ihr Selbstwertgefühl und die weitere Schullaufbahn stark beeinträchtigen.

> **Eine Klasse:**
> *eine Anzahl im Allgemeinen gleichaltriger Schüler, die als eine Einheit betrachtet und in einem Klassenraum gemeinsam unterrichtet werden.*
> *(www.wissen.de)*

Ein weiteres Kriterium ist bei unserem mehrgliedrigen Schulsystem die Einstufung nach verschiedenen Schularten. Bereits im Kindesalter, meist nach der 4. oder 6. Klasse, findet bei uns eine Selektion statt, die die weitere Schullaufbahn der Kinder bestimmt. Die Problematik dieser frühen Auslese erleben vor allem die Lehrer an den Grundschulen, die hierbei eine wichtige Rolle spielen (müssen), und die Lehrer an den Hauptschulen, zu denen die Kinder kommen, die sich oftmals als Versager empfinden und deren Selbstwertgefühl erst wieder aufgebaut werden muss.

Die Schulklasse ist ein soziales Gebilde, das sich nachhaltig auf die Entwicklung der Persönlichkeit auswirkt. Hier entwickeln sich Freundschaften, bilden sich Cliquen, hier wird aber auch ausgegrenzt und gemobbt. Damit ein **„Wir-Gefühl"** für eine möglichst förderliche Lernatmosphäre entstehen kann, muss diese Zwangsgemeinschaft erst zu einer gut funktionierenden Gemeinschaft werden, in der die verschiedenen Kleingruppen oder Einzelne nicht gegeneinander, sondern miteinander arbeiten. Dabei spielen viele unterschiedliche Faktoren, die das **Eisberg-Modell**[2] verdeutlicht, eine entscheidende Rolle. Die Rahmenbedingungen, nämlich die Räumlichkeiten, Unterricht und Pausen, Klassenarbeiten und Ausflüge, sind für alle Schüler einer Klasse erst einmal weitgehend gleich. Das ist die Sachebene und damit das obere Siebtel des Eisbergs, das aus dem Wasser ragt und für alle sichtbar und wahrnehmbar ist.

Unter dieser Sachebene allerdings, also unter der Wasseroberfläche, liegt mit sechs Siebteln die Gefühlsebene, die die gemeinsame Arbeit wesentlich beeinflusst. Dort befinden sich unter anderem Freude, Angst, Neid, Erfolg und Misserfolg.

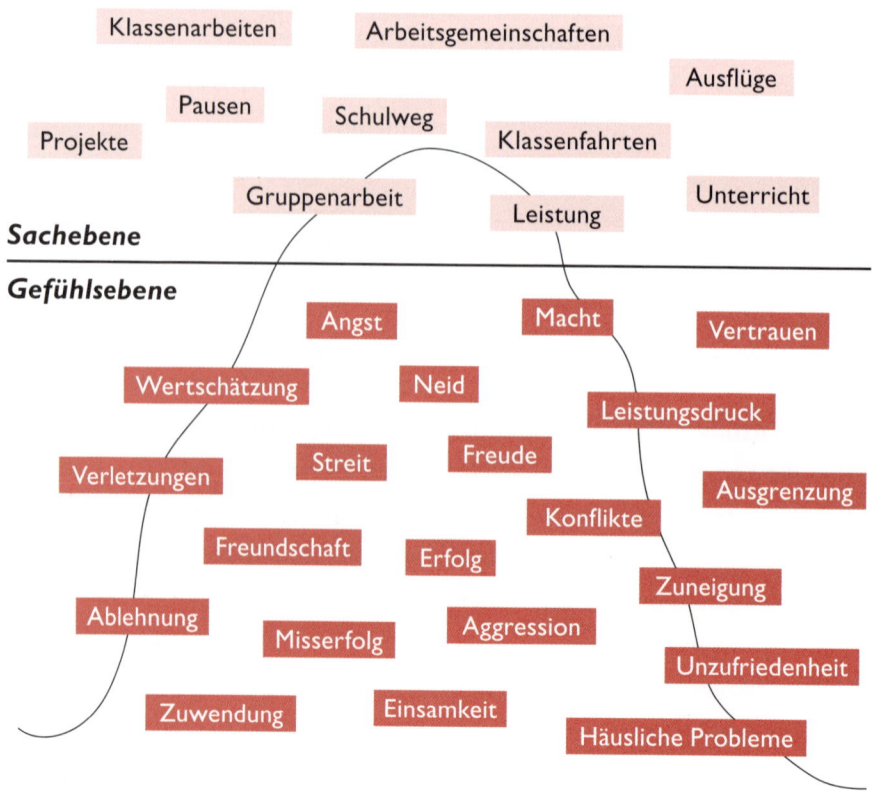

[2] Das Eisberg-Modell geht auf Sigmund Freud zurück und ist Teil seiner allgemeinen Theorie der Persönlichkeit.

Da die Gefühlsebene nicht für alle sichtbar und wahrnehmbar ist, sind die Prozesse, die dort ablaufen, den meisten auch nicht bewusst. Da besonders diese Prozesse aber zu großen Schwierigkeiten und Problemen in der Klasse führen können, müssen sie thematisiert werden, d.h. die Gruppen müssen sich damit auseinandersetzen.

Jede Schulklasse durchläuft verschiedene **Phasen der Gruppenbildung**[3]: Phasen der Eingewöhnung, der Konflikte, der Stabilisierung, der Kooperation und des Abschiednehmens.

Wie bei anderen Gruppen können sich die verschiedenen Phasen wiederholen, z.B. wenn Schüler die Klasse verlassen und neue hinzukommen, Freundschaften sich entwickeln oder zerbrechen, Cliquen sich neu bilden, Einflüsse von außen auf die Klasse einwirken. Die Phasen werden nicht unbedingt von allen Schülern gleichzeitig durchlaufen, und auch die Kleingruppen in der Klasse haben einen eigenen Rhythmus. Das macht die Prozesse noch komplizierter. Eine Schulklasse ist also ein sehr **komplexes Gebilde mit großer Dynamik**. Viele Faktoren haben einen Einfluss darauf, wie sich eine Klasse entwickelt. Die entscheidende Frage ist, ob die Klasse eine Zwangsgemeinschaft bleibt oder ob sie sich zu einer wirklichen Gemeinschaft entwickelt. Auch wenn der Klassenlehrer daran einen erheblichen Anteil hat, wird dieser Prozess doch wesentlich von den Rahmenbedingungen und den vielen unterschiedlichen Menschen beeinflusst, die hier aufeinandertreffen.

[3] Phaseneinteilung in Anlehnung an Langemaack, Barbara / Braune-Krickau, Michael: Wie die Gruppe laufen lernt. Weinheim und Basel 2000.

13

2. Die „KlassenlehrerIn"

Im GEW-Jahrbuch 2005, dem Handbuch des Schul- und Dienstrechts in Baden-Württemberg[4], findet man unter dem Stichwort „Klassen-lehrerin" die Feststellung, dass weder der Status noch die Aufgaben der Klassenlehrerin rechtlich definiert sind. Außerdem wird festgestellt, dass nirgends erwähnt ist, wer Klassenlehrerin sein darf, wie man es wird, ob jede Klasse überhaupt eine Klassenlehrerin haben muss und

> **Eine KlassenlehrerIn:**
> *für eine Klasse zuständige und sie hauptsächlich unterrichtende LehrerIn (www.wissen.de)*

welche Rechte und Pflichten sie besitzt. Im Bildungsplan von 1994 für die Schulen in Baden-Württemberg hatte der Klassenlehrer die Aufgabe der Koordination und eine besondere Funktion durch die Aufgaben in Klassenkonferenz und Klassenpflegschaft. Im Bildungsplan von 2004 kommt der Begriff „Klassenlehrer" nicht mehr vor. In anderen Bundesländern gibt es ähnliche Regelungen. Es gibt keine besondere Arbeitszeitregelung für die Tätigkeiten eines Klassenlehrers. Eine Anrechnungsstunde gibt es z.B. in Baden-Wüttemberg nur bei besonderen Belastungen, wie der Leitung von zwei Klassen. Auf diese Stunde besteht aber kein Rechtsanspruch. Auch eine Verfügungsstunde für die Arbeit in der Klasse gibt es in vielen Bundes-ländern bis heute nicht. Viele Schulleitungen hingegen sehen die Bedeutung und besondere Belastung dieser Tätigkeit und ermöglichen auf unterschied-liche Weise dem Klassenlehrer zusätzliche Stunden in seiner Klasse.

Die vielfältigen **Aufgaben des Klassenlehrers** kann man aus den einzel-nen Verwaltungsvorschriften und weiteren Regelungen zusammenstellen:

▶ Vorsitz bei der Klassenkonferenz,

▶ Verhängung von bestimmten Ordnungsmaßnahmen,

▶ Koordination bei der Zeugnis- und Notengebung,

---

[4] GEW-Jahrbuch für Lehrerinnen und Lehrer. Handbuch des Schul- und Dienstrechts in Baden-Württemberg. Stuttgart 2005. S. 570.

▶ Vorschlag für bzw. Koordinierung von der allgemeinen Beurteilung und den Kopfnoten,

▶ Unterstützung der Klassenschülervertretung,

▶ Beurlaubung von Schülern bis zu zwei Unterrichtstagen,

▶ Verantwortung für die Vorbereitung von Betriebs- und Sozialpraktika,

▶ und vieles andere mehr.

Zu diesen Verpflichtungen kommen zahlreiche weitere Aufgaben auf den Klassenlehrer zu, für die er außer seiner Sach- und Fachkompetenz insbesondere Personal-, Methoden- und Beziehungskompetenz benötigt.

Personalkompetenz bedeutet z.B.:

▶ gern mit jungen Menschen zu arbeiten,

▶ eine optimistische Grundeinstellung zu haben,

▶ humorvoll zu sein,

▶ flexibel reagieren zu können,

▶ Kritik zu vertragen.

Beziehungskompetenz bedeutet z.B.:

▶ Kontakt zu den Schülern herzustellen,

▶ für die Schüler eine wichtige Bezugsperson zu sein,

▶ bei Konflikten zu vermitteln,

▶ „Kummerkasten" für Schüler, Lehrer und Eltern zu sein,

▶ den Eltern als Ansprechpartner zur Verfügung zu stehen,

▶ zuzuhören, zu trösten, zu helfen, Zeit zu haben.

15

> **Methodenkompetenz** bedeutet z.B.:
>
> ▶ abwechslungsreich zu unterrichten,
>
> ▶ Beratungsgespräche zu führen,
>
> ▶ ein lernförderliches Klima zu schaffen,
>
> ▶ die Klassengemeinschaft zu stärken,
>
> ▶ zu planen und zu organisieren,
>
> ▶ außerunterrichtliche Vorhaben mit der Klasse
> durchzuführen.

Diese Zusammenstellung kann sicher weiter ergänzt werden. Doch wird damit deutlich, welche besondere Aufgabe ein Lehrer mit diesem Amt übernimmt. Wenn er verantwortungsvoll damit umgeht, kann er seine Klasse in besonderem Maße positiv prägen.

3. Unterricht in der eigenen Klasse

Es ist klar, dass ich als Klassenlehrer für meine Tätigkeit erheblich mehr Zeit benötige als ein Fachlehrer. Das betrifft zum einen die Aufgaben, in die ich persönlich Zeit investieren muss, z.B. für Zeugnisse und Klassenkonferenzen, zum anderen die Aufgaben, die ich für die Arbeit mit der Klasse benötige, z.B. für Verwaltungstätigkeiten, für Störungen und Konflikte.

Wenn ich die Arbeit mit meiner Klasse ernst nehme, geht die Zeit, die ich dafür benötige, von meinem „normalen" Unterricht ab, d.h. ich habe weniger Zeit für die Vermittlung der in meinen Fächern geforderten Kompetenzen. Das ist ein Problem vor allem bei den weiterführenden Schulen, in denen der Klassenlehrer durch das Fachlehrersystem oft nur seine zwei studierten Fächer unterrichtet, wie z.B. vier Stunden Deutsch und eine Stunde Musik. Die Zeit, die er für seine Klassenlehrertätigkeiten braucht, geht praktisch also von diesen wenigen Fachstunden ab.

Um die benötigte Zeit auf mehrere Fächer verteilen zu können, kann ein Klassenlehrer in seiner Klasse zusätzliche Fächer unterrichten, die er nicht studiert hat. Das bedeutet natürlich aber auch eine intensive Einarbeitung in und zusätzliche Vorbereitung auf den **fachfremden Unterricht**.

Ich habe z.B. die Fächer Deutsch und Sport studiert und unterrichte zusätzlich die Fächer Geschichte und Gemeinschaftskunde. Dadurch habe ich in meiner Klasse mehr Unterricht und kann die für die Klassenlehrertätigkeit erforderliche Zeit auf mehrere Fächer und Stunden verteilen. Das ist besonders wichtig bei „schwierigen" Klassen, für die ich mehr Zeit zur Bearbeitung von Konflikten und Problemen benötige. Ein weiterer Vorteil ist für mich, dass ich meine Schüler durch die verschiedenen Fächer von unterschiedlichen Seiten kennenlerne und so leichter einen Zugang zu ihnen finden kann. Jeder Schüler hat in irgendeinem Bereich besondere Fähigkeiten und zeigt diese auch gern.

Zu Beginn der eigenen Klassenlehrertätigkeit würde ich jedoch eher vom fachfremden Unterricht abraten. Als Anfänger werden Sie sowieso schon mit so viel Neuem konfrontiert, dass fachfremder Unterricht eine erhebliche zusätzliche Belastung darstellen würde.

17

4. Zwei-Jahres-Rhythmus

An den meisten Schulen gibt es nach meiner Erfahrung für die Tätigkeit als Klassenlehrer einen Zwei-Jahres-Rhythmus, das heißt, dass man alle zwei Jahre eine neue Klasse übernimmt. Dass man eine Klasse über längere Zeit begleitet, ist eher selten. Jede Klasse und jeder Lehrer müssen sich also alle zwei Jahre wieder neu aufeinander einstellen. Diese Regelung hat Vor- und Nachteile. Wenn Schüler mit einem Lehrer Probleme haben oder dieser sich für seine Klasse wenig engagiert, ist der zweijährige Wechsel ein Vorteil für die Schüler.

Ich habe allerdings gute Erfahrungen damit gemacht, **Klassen über mehr als zwei Jahre zu begleiten**. Die damit verbundene Kontinuität gibt vielen Schülern Sicherheit. Da die Fachlehrer in der Regel häufiger wechseln, bleibt zumindest eine Bezugsperson über einen längeren Zeitraum konstanter Ansprechpartner. Wichtige Regeln und Rituale sind ebenso wie bestimmte Methoden und Arbeitsweisen eingeübt. Das kann das Miteinander erheblich erleichtern, weil ich nicht jedes Mal wieder von vorne anfangen muss. Vor allem bei außerschulischen Veranstaltungen, wie bei Lerngängen, gemeinsamen Ausflügen und Schullandheimaufenthalten, ist das von großer Bedeutung.
Außerdem kann ich die Zusammenarbeit mit den Eltern intensivieren, weil wir uns von zahlreichen Gesprächen und Klassenpflegschaftssitzungen kennen. Auf diese Weise entsteht eine Beziehung und damit Vertrauen in die gemeinsame Arbeit.

Allerdings muss ich das Gefühl haben, dass es keine Schüler in der Klasse gibt, die mir gegenüber Vorbehalte haben. Genauso wichtig ist die positive Einstellung von mir als Klassenlehrer den Schülern gegenüber. Ich muss wissen, ob ich z.B. auch die „Schlitzohren" akzeptieren kann, diejenigen also, die sich oft nicht regelkonform verhalten und immer wieder die gemeinsame Arbeit stören. Die Zusammenarbeit mit den Eltern sollte ebenfalls überwiegend reibungslos funktionieren.

5. Klassenkonferenzen

Zu den Aufgaben des Klassenlehrers gehört es in der Regel, einmal im Halbjahr eine Klassenkonferenz einzuberufen. Mitglieder sind alle Lehrer, die in der Klasse Unterricht erteilen. Die Leitung obliegt dem Klassenlehrer, d.h. er lädt dazu ein, bereitet sie vor, führt sie durch und ist in der Praxis dann auch für die Umsetzung der Maßnahmen und Beschlüsse, über die man sich verständigt hat, zuständig. Bedenken Sie als Klassenlehrer, dass die Fachkollegen an zahlreichen solcher Konferenzen teilnehmen müssen. Die Klassenkonferenz sollte also dementsprechend sorgfältig vorbereitet und zeitökonomisch gestaltet sein.

Zu den **Aufgaben der Klassenkonferenz** gehören u.a. die Koordinierung der Hausaufgaben und Klassenarbeiten. Wenn man über diese Themen einen Konsens erzielen kann, lässt sich mancher Ärger mit Kollegen und Eltern vermeiden. Außerunterricht-

liche Veranstaltungen, wie z.B. Ausflüge, Betriebsbesichtigungen und Museumsbesuche, müssen abgestimmt werden, ebenso die Durchführung von fächerübergreifenden Projekten, die bei einigen Schulen in so genannten Projektwochen stattfinden. Daraus ergeben sich vielfältige Möglichkeiten für die Zusammenarbeit in Lehrerteams. Es ist auch Ihre Aufgabe als Klassenlehrer, die Kollegen für dieses kooperative Arbeiten zu motivieren.

19

Durch rechtzeitige Planung müssen die einzelnen Vorhaben sinnvoll über das Schuljahr verteilt werden.

Eine weitere wichtige Aufgabe ist die Abstimmung über Erziehungs- und Ordnungsmaßnahmen, also das Vorgehen gegen Disziplinprobleme. Absprachen in der Klassenkonferenz sind eine Stütze für die in der Klasse unterrichtenden Lehrer, denn die Schüler müssen wissen, dass sie die Lehrer nicht gegeneinander ausspielen können. Dadurch bekommen auch sie eine klare Orientierung. Bei Klassen, in denen es Schwierigkeiten gibt, kann es sinnvoll sein, den Termin für die Klassenkonferenz vor den Klassenpflegschaftsabend zu legen, damit die Lehrer sich untereinander austauschen und gemeinsame Maßnahmen beschließen können.

Ich habe einen Klassenpflegschaftsabend erlebt – ich hatte eine 7. Klasse gerade neu übernommen, die als schwierig bekannt war – bei dem nahezu alle Lehrer sich sehr negativ über die Klasse äußerten. Das führte auf Seiten der Eltern zu heftigen Unmutsäußerungen: Sie hörten solche Klagen schon seit zwei Jahren, ob die Lehrer nicht in der Lage seien, „ihren Job zu machen". (wörtliche Äußerung eines Elternteils)
Hätten vorher bereits Absprachen stattgefunden, hätte ich die Eltern darüber informieren und um Unterstützung bitten können, was sicher von Vorteil gewesen wäre. Einen Klassenpflegschaftsabend wie den ersten hat es danach so nicht mehr gegeben.

Auf die **Tagesordnung einer Klassenkonferenz** gehören in jedem Fall die Kritikpunkte an der Klasse, aber genauso gut Beispiele für positives Verhalten der Schüler. Das mögliche Vorgehen bei Problemen sollte miteinander abgeklärt werden.

Als Beispiel für die Ergebnisse einer solchen Konferenz möchte ich Auszüge aus einem Protokoll wiedergeben:

Protokoll zur Klassenkonferenz der 7b

Datum: _____

ProtokollantIn: _____

Positives Verhalten :

▶ Gute Mitarbeit von vielen Schülern
▶ Interesse an vielen Themen

Kritikpunkte am Verhalten der Klasse:

▶ Ruhe ist oft schwer herzustellen, Bemerkungen unterschiedlicher Art rufen Kettenreaktionen hervor
▶ Wenig sensibilisiert für eigenes Verhalten
  • Provokationen durch die Schüler: M., L., D.
  • Lautes Hineinschreien: Ph. (Pingpong-Effekt mit J.)
  • Häufiges Schwätzen: F. und J.
▶ Mangelnde Beteiligung: N., F.
▶ z.T. Fehlen von Hausaufgaben und Arbeitsmaterialien

Mögliches Vorgehen bei Problemen:

▶ Nur unterrichten, wenn Ruhe herrscht, verlorene Zeit evtl. nachmittags nachholen, dabei auch die Möglichkeit geben, Zeit wieder „gut" zu machen
▶ Störer, die sich nicht konzentrieren können, vor dem Klassenzimmer arbeiten lassen (ohne negativen Kommentar), d.h. der Schüler wird nicht einfach hinausgeschickt, sondern muss die gleiche Arbeit allein erledigen und am Ende der Stunde abgeben
▶ Elterngespräche führen, um die Eltern über das Verhalten ihrer Kinder zu informieren
▶ Bei Fehlverhalten evtl. Einzelgespräche mit Schülern führen
▶ Persönliche Anschuldigungen oder Beschimpfungen vermeiden
▶ Kontrolle von Hausaufgaben und Unterrichtsmaterialien, evtl. Rückmeldung an die Eltern
▶ Positives Verhalten lobend erwähnen

Weitere Aufgaben der Klassenkonferenz sind die gegenseitige Information über den Leistungsstand der Schüler. Wenn es um Zeugnis- und Versetzungsentscheidungen, Empfehlungen zum Schulartwechsel und die Beratung der Halbjahresinformationen geht, hat der Schulleiter in der Klassenkonferenz den Vorsitz und ist auch stimmberechtigt. Bei Versetzungskonferenzen hat der Klassenlehrer, der seine Schüler gut kennt, eine besondere Verantwortung.

Es gibt, wenn es sich um vorübergehende Schwächen handelt, Ermessensspielräume, z.B. die Versetzung auf Probe. Hier entscheidet die Klassenkonferenz im Einvernehmen mit dem Schulleiter. Wenn ich weiß, dass ein Schüler große Wissenslücken hat, die er meines Erachtens nur aufholen kann, wenn er die Klasse wiederholt, werde ich nicht für eine Versetzung auf Probe plädieren. Wenn ich aber sehe, dass er die Versetzung nur knapp nicht schafft und es für ihn wichtig ist, in der Klassengemeinschaft zu bleiben, werde ich die Versetzung auf Probe befürworten und beantragen. Da ich meine Schüler in der Regel besser kenne als die Fachlehrer, sollte ich diese bei einem solchen Fall bereits im Vorfeld über meine Einschätzung informieren.

Auf diese Weise ist einer meiner Schüler durch die Entscheidung der Klassenkonferenz auf Probe in die nächsthöhere Klasse versetzt worden. Er hatte vorübergehend einen „Durchhänger" gehabt. Nach kurzer Zeit hatte er seine Defizite aufgeholt und gehörte bereits Ende des nächsten Schuljahres zu den Klassenbesten und beim Schulabschluss ein Jahr später zu den Preisträgern.

Bei einem anderen Schüler konnte ich die Fachlehrer nicht von einer Probeversetzung überzeugen. Der Schüler fand in der neuen Klasse keinen Anschluss mehr und wurde „weitergereicht" in die Hauptschule, was meines Erachtens nicht passiert wäre, wenn man ihn in die nächsthöhere Klasse „mitgenommen" hätte. Leider gibt es auch Lehrer, die sich bei Schülern auf diese Weise für die Schwierigkeiten revanchieren, die diese ihnen im Unterricht gemacht haben.

In die gemeinsame Arbeit starten

Kapitel 2

„… und allem Anfang wohnt ein Zauber inne,
der uns beschützt
und der uns hilft zu leben."

Hermann Hesse

Der Start in die gemeinsame Arbeit ist von besonderer Bedeutung für alle Beteiligten, für die Schüler, die Lehrer und auch die Eltern. Schon vor Beginn der Sommerferien bewegt viele Schüler die Frage, wen sie wohl im kommenden Schuljahr als Klassenlehrer haben werden. Auch Eltern machen sich darüber Gedanken und versuchen manchmal sogar, bei der Schulleitung eine Auskunft zu bekommen.

Wenn ich als Lehrer an meine neue Klasse denke, beschäftigen mich ebenfalls viele Fragen:

▶ Wie stelle ich mich als Klassenlehrer vor?

▶ Wie präsentiere ich meine Fächer?

▶ Wie lerne ich die Namen und wie kann ich meine Schüler kennenlernen?

▶ Was erwarten die Schüler von mir als Klassenlehrer?

▶ Was erwarte ich von ihnen?

▶ Was möchte ich ihnen beibringen?

▶ Was möchte ich mit ihnen unternehmen?

▶ Welche Regeln und Rituale möchte ich einführen?

▶ Welche Sitzordnung ist sinnvoll?

▶ Wie werden wir miteinander auskommen?

Manchmal ist es so, dass die Schüler den neuen Klassenlehrer und bei neu gebildeten Klassen ihre Mitschüler noch nicht kennen. Außerdem weiß ich als Klassenlehrer noch nicht so genau, was mit einer neuen Klasse auf mich zukommt. Informationen über die Klasse einzuholen, ist nicht immer hilfreich, weil sich innerhalb einer Klasse mit dem Beginn eines neuen Schuljahres oft Veränderungen ergeben. Häufig habe ich erlebt, dass es über die langen Sommerferien einen Entwicklungsschub gibt oder dass neue Schüler, die als Wiederholer oder von einer anderen Schule in die Klasse kommen, sie völlig neu „aufmischen" können. Jedes neue Schuljahr bringt Überraschungen, neue Herausforderungen und Chancen mit sich. In den Ferien davor freue ich mich schon darauf oder bin zumindest gespannt, was auf mich zukommt. Ich nehme mir gern die Zeit, mich auf die neue Klasse gründlich vorzubereiten.

1. Die ersten gemeinsamen Stunden

Der Schuljahresbeginn ist für mich als Klassenlehrer eine Herausforderung, denn es gibt verschiedene Möglichkeiten, in die gemeinsame Arbeit zu starten. Außerdem muss ich mein Vorgehen den Rahmenbedingungen anpassen, also dem Alter der Schüler, den zur Verfügung stehenden Räumlichkeiten und der vorgesehenen Zeit, denn das Schuljahr beginnt an den Schulen sehr unterschiedlich:

▶ Dem Klassenlehrer stehen nur eine oder zwei Stunden mit seiner Klasse zur Verfügung.

▶ Der Klassenlehrer verbringt den ganzen ersten Tag mit seiner Klasse.

▶ Es gibt gleich zu Beginn des Schuljahres mehrere Klassenlehrertage.

Was ist nun in diesen ersten gemeinsamen Stunden zu tun?

Zum einen muss ich Verwaltungsaufgaben erledigen, zum anderen möchte ich auf die Interessen und Vorstellungen der Schüler eingehen, und natürlich habe ich auch meine eigenen Vorstellungen, wie ich mit meiner Klasse starten möchte. Ich befinde mich also im Spannungsfeld zwischen diesen unterschiedlichen Aufgaben und Vorstellungen und muss entscheiden, welchen ich den Vorrang einräume.

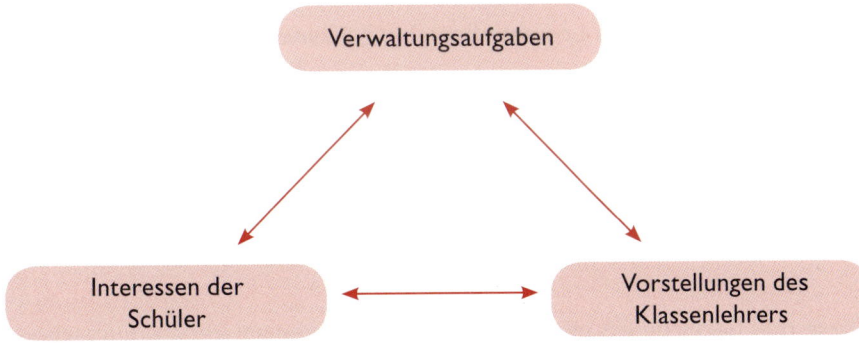

Wenn ich zu Beginn nur wenig Zeit zur Verfügung habe, werde ich sie weitgehend für **Verwaltungstätigkeiten** nutzen müssen:

▶ Überprüfen der Anwesenheit der Schüler,

▶ Kontrolle der Namen, Adressen und Telefonnummern,

▶ Einsammeln der (unterschriebenen) Zeugnisse,

▶ Bekanntgabe des Stundenplans,

▶ Vorbereitung der Eintragungen im Klassentagebuch,

▶ Organisation der Schulbuchausgabe u.v.m.

Viele **Schüler** hingegen sind zu Beginn eines neuen Schuljahres gespannt auf:

▶ neue Mitschüler,

▶ neue Lehrer,

▶ den Stundenplan,

▶ die Sitzordnung,

▶ Materialien für die verschiedenen Fächer,

▶ neue Bücher,

▶ die Klassensprecherwahl u.v.m.

Als **Klassenlehrer** geht es mir bei dem gemeinsamen Beginn darum, dass wir, die Klasse und ich,

▶ uns kennenlernen und eine Beziehung zueinander aufbauen,

▶ die gegenseitigen Erwartungen klären,

▶ die Sitzordnung festlegen und das Klassenzimmer gestalten,

▶ verschiedene Ämter und Verantwortlichkeiten verteilen,

▶ Regeln vereinbaren und Rituale einüben.

Diese drei Bereiche gilt es unter einen Hut zu bringen: Verwaltungsarbeiten, Vorstellungen und Interessen der Schüler und meine Vorstellungen als Klassenlehrer.

Vorbereitung des Klassenzimmers

Meine erste Überlegung gilt der Vorbereitung des Klassenzimmers, in dem wir starten werden. Ich bereite es möglichst in den letzten Ferientagen vor.

Um den Raum ansprechend zu gestalten, bringe ich einen Blumenstrauß für den Lehrertisch mit, vielleicht sogar Pflanzen als **Dekoration** für das Klassenzimmer. Zum Aushang an der Wand bereite ich den Stundenplan in Großformat vor, besorge einen Jahresplaner, in den z.B. die Geburtstage eingetragen werden können, und erstelle eine Liste für die Klassenämter bzw. die Aufgaben, die zu vergeben sind (s. Kap. 3 „Lernumgebung gestalten").

Als **Sitzordnung** sind Hufeisen oder Halbkreis geeignet, denn jeder sollte möglichst jeden sehen können. Meist sind die Klassen allerdings so groß, dass ich zwei Hufeisen oder Halbkreise ineinanderstellen muss (s. S. 44 „Sitzordnung"). Wenn ich die Schüler noch nicht kenne, bereite ich Namenskärtchen vor, außerdem erstelle ich eine vorläufige Sitzordnung.

 ## Planung des ersten gemeinsamen Tages

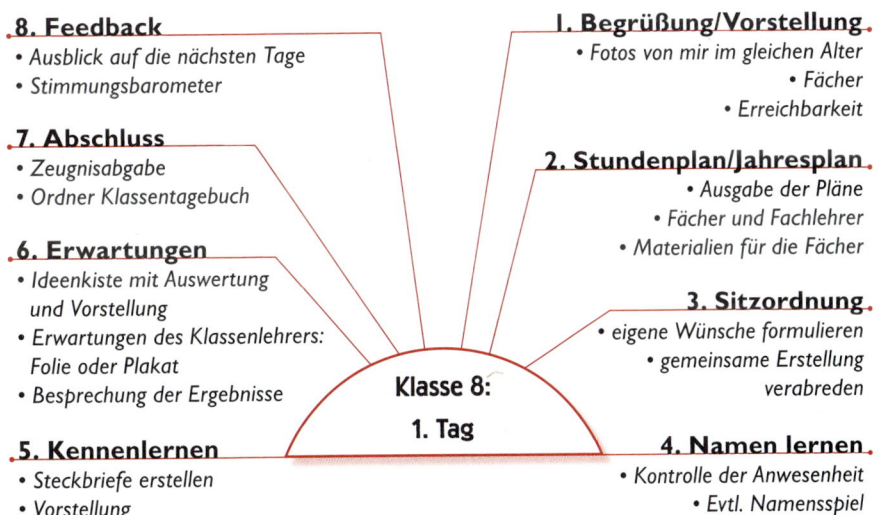

8. Feedback
• Ausblick auf die nächsten Tage
• Stimmungsbarometer

7. Abschluss
• Zeugnisabgabe
• Ordner Klassentagebuch

6. Erwartungen
• Ideenkiste mit Auswertung und Vorstellung
• Erwartungen des Klassenlehrers: Folie oder Plakat
• Besprechung der Ergebnisse

5. Kennenlernen
• Steckbriefe erstellen
• Vorstellung

1. Begrüßung/Vorstellung
• Fotos von mir im gleichen Alter
• Fächer
• Erreichbarkeit

2. Stundenplan/Jahresplan
• Ausgabe der Pläne
• Fächer und Fachlehrer
• Materialien für die Fächer

3. Sitzordnung
• eigene Wünsche formulieren
• gemeinsame Erstellung verabreden

4. Namen lernen
• Kontrolle der Anwesenheit
• Evtl. Namensspiel

Klasse 8: 1. Tag

27

So könnte ein erster gemeinsamer Tag verlaufen, bei dem ich versuche, alle drei Ebenen, die Verwaltung, die Interessen der Schüler und die des Klassenlehrers, zu berücksichtigen. Es gibt allerdings eine Vielfalt weiterer Möglichkeiten, von denen ich in den nächsten Kapiteln einige vorstellen werde.

2. Namen lernen

Nicht nur ich als Lehrer muss mir die Namen meiner neuen Schüler einprägen, manchmal kennen sich auch die Schüler untereinander noch nicht. So ist auch für sie wichtig, die Namen ihrer zukünftigen Klassenkameraden zu erfahren. Und das sollte so schnell wie möglich geschehen, damit die Schüler sich näher kennenlernen.

Sobald ich die Liste mit den Schülern meiner neuen Klasse habe, mache ich mich bereits mit den Namen vertraut, indem ich für jeden ein Namenskärtchen für den gemeinsamen Beginn vorbereite. Dabei gibt es immer wieder einmal einen Namen, der mir nicht geläufig ist. Ich müsste dann den betreffenden Schüler fragen, wie man ihn ausspricht, doch das ist den meisten eher unangenehm. Deshalb frage ich, wenn möglich, bei den Lehrern nach, die die Klasse vorher unterrichtet haben.

Meine Schüler beim Namen nennen zu können, ist eine wichtige Voraussetzung für einen erfolgreichen Unterricht und für eine gute Beziehung zu den Schülern. Jeder will in seiner Individualität wahrgenommen werden, und dafür ist ihm sein Name wichtig, und ich kann dann jeden persönlich ansprechen und auch persönlich loben oder ermahnen.

Jeder Lehrer muss seine individuelle **Methode** finden, sich die neuen Namen möglichst schnell und nachhaltig zu merken. Im Folgenden möchte ich einige Beispiele dafür vorstellen.

Namen aufnehmen mit mehreren Sinnen

Diese Methode ist besonders gut geeignet, wenn eine Klasse neu zusammengesetzt ist und die Schüler sich untereinander noch wenig kennen.

Ziel:

Die Namen mit verschiedenen Sinnen aufzunehmen, damit man sie sich besser einprägen kann.

Ablauf:

Alle stehen im Kreis, jeder überlegt sich eine Tätigkeit, die mit dem gleichen Buchstaben beginnt wie der Vorname, und eine dazu passende Bewegung.

Zum Beispiel:

Der erste Schüler sagt seinen Namen, nennt die Tätigkeit und zeigt dazu eine passende Bewegung. Das wird von allen wiederholt. Wenn der zweite Schüler an der Reihe war, wird erst sein Beitrag wiederholt, dann der des ersten und wiederum der des zweiten Schülers. Beim vierten Schüler reicht es, bis zum zweiten zurückzugehen. Bei großen Klassen sollte man dieses Spiel nicht unbedingt mit allen Schülernamen an einem Tag durchführen, sondern sich die Namen auf mehrere Tage aufteilen.

Lars läuft.

Ich habe auf diese Art bei einer besonders ausdauernden Klasse in einer Stunde die Namen aller 24 Fünftklässler gelernt und auch behalten.

Vernetzung

Vielen ist dieses Kennenlern-Spiel von Seminaren her bekannt.

Ziel:

Die Namen der Gruppenmitglieder kennenzulernen und sich zu „vernetzen".

Ablauf:

Alle Mitspieler stehen im Kreis, der Spielleiter hat ein Wollknäuel in der Hand und wirft es einem Mitspieler zu, der dazu seinen Namen sagt. So geht es weiter, bis alle vernetzt sind. Auf dem Rückweg soll das Netz wieder aufgelöst werden, d.h. der Faden läuft den Weg entsprechend zurück. Dabei ruft jeder Werfer den Namen des Fängers. Es kann mehrere Durchgänge geben.

„Namenpatschen"[5]

Dieses Spiel ist gut geeignet für Schüler ab 10 Jahre, weil es mit Bewegung verbunden ist.

Ziel:

Den Namen eines Mitschülers nennen, bevor man selbst „abgepatscht" wird.

Ablauf:

Alle Mitspieler sitzen auf dem Boden im Kreis. Ein Spieler steht in der Mitte mit einer Zeitungspatsche (bei größeren Gruppen zwei Patscher). Die Aufgabe des Patschers ist es, Mitschüler „abzupatschen", um aus dem Kreis zu kommen. Ein Schüler nennt den Namen eines anderen Mitspielers. Der muss nun den nächsten Spieler rufen, um nicht vom Patscher auf den Füßen „abgepatscht" zu werden. Schafft er es nicht, tauschen Patscher und Mitspieler die Positionen.

Man kann auch auf die Zeitung verzichten und die „Patscher" außerhalb des Kreises aufstellen. Das „Patschen" wird durch eine leichte Berührung ersetzt.

---

[5] Vgl. die Grundidee bei Gilsdorf, Rüdiger / Kistner, Günter: Kooperative Abenteuerspiele. Band 1. Seelze-Velber 2001. S. 33.

Namenskärtchen

Für ältere Schüler bereite ich bereits vor der ersten gemeinsamen Stunde Namenskärtchen vor, manchmal zum Aufstellen, manchmal sogar zum Anstecken, indem ich auf der Rückseite mit einem Klebestreifen eine Sicherheitsnadel befestige. Die Kärtchen können mit der Hand oder mit dem PC gestaltet werden. Die Schüler reagieren positiv darauf, dass ich mir solche Mühe für sie mache. Ein Vorteil ist für mich, dass ich mich dabei schon mit den Namen vertraut mache.

Klassenfoto

An vielen Schulen kommt jährlich der Schulfotograf und macht Einzel- wie auch Klassenfotos, die an der Schule meist sogar digital vorhanden oder im Jahrbuch zu sehen sind. Wenn man sich die Namen dazu eintragen lässt, ist das eine gute Methode, um stressfrei zu Hause in aller Ruhe die Namen zu lernen.

3. Kennenlernen

Je mehr ich über meine Schüler weiß, desto besser kann ich auf sie eingehen. Steckbriefe und individuelle **Arten der Vorstellung** können das Kennenlernen vereinfachen.

Steckbriefe

Diese Art, sich gegenseitig kennenzulernen, ist vielen bekannt. Einige Ideen für Steckbriefe habe ich aus den „Lern-Landkarten"[6] übernommen, zusätzlich habe ich auch eigene Beispiele entwickelt. Daraus lassen sich unterschiedlich anspruchsvolle und aussage-kräftige Steckbriefe für verschiedene Altersstufen entwickeln.

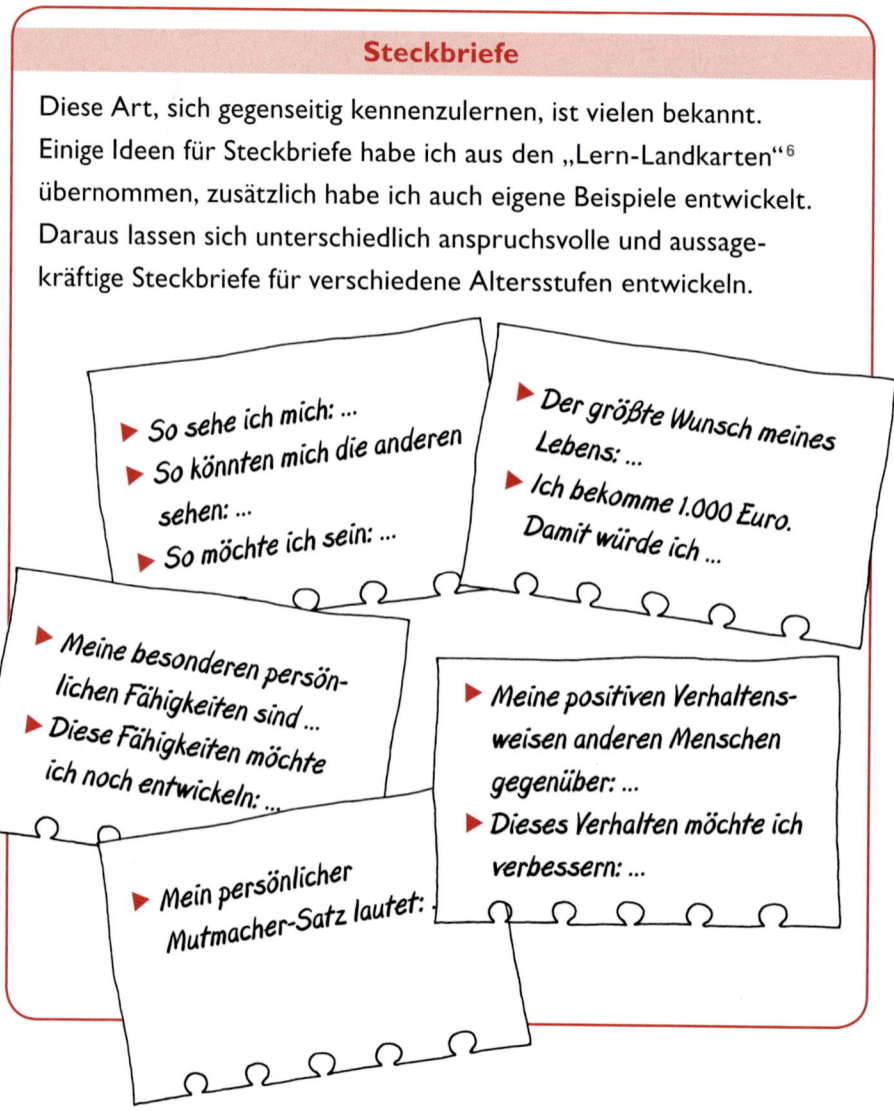

---

[6] Kneip, Winfried u.a.: Lern-Landkarten. Ganzheitliches Lernen. Mülheim an der Ruhr 1998.

Wichtig finde ich, dass die Steckbriefe anschließend ausgehängt werden. Nach einer Weile kann ich die zu den Steckbriefen gehörenden Namen erraten lassen. Sie werden abgenommen, jeder darf einen Steckbrief ziehen, liest ihn vor und lässt die anderen raten, um wen es sich handelt.

Steckbrief: Arbeitsauftrag

1. Ergänze spontan: Was passt am besten zu dir?
Schreibe das auf die **kurze** Linie.

Farbe: _____ _____

Fortbewegungsmittel: _____ _____

Tier: _____ _____

Persönlichkeit, Star oder Fabelwesen: _____

Gewässer: _____ _____

Pflanze: _____ _____

Sportart: _____ _____

Hobby: _____ _____

Steckbrief

Das bin ICH!

Name:

Anne

2. Wenn du hier angelangt bist, notiere jeweils auf der **langen** Linie eine kurze Erklärung oder Begründung.
3. Übertrage anschließend die **vier** für dich typischen Wörter samt Erklärung auf farbige Streifen und klebe sie in den vorbereiteten Steckbrief ein.
4. Ergänze außerdem deinen Namen und klebe bitte baldmöglichst ein Foto von dir ein.

Viel Spaß!

Freies Schreiben

Durch kreative Formen des freien Schreibens kann ich viel über meine Schüler erfahren.

▶ Stelle dir vor, du wärst ein Tier.
Welches Tier wärst du gern? Beschreibe es genauer.
Warum möchtest du gerade dieses Tier sein?

◖ „Wenn ich ein Tier wäre, wäre ich am liebsten eine Katze. Dann könnte ich immer unbeschwert in der Gegend herumtollen. Ich wäre frei von allen Pflichten und Sorgen, die einen Menschen plagen. Essen würde ich von meinem Herrchen bekommen, ohne dass dafür eine Gegenleistung erwartet würde. Jeder würde mich streicheln …" Nina, 13 J.

◖ „Ich würde gern ein Vogel sein, der ungebunden ist und je nach Laune und Lust seinen Sorgen davonfliegen kann …" Phillip, 14 J.

Ein kleiner, etwas unscheinbarer Junge wollte ein weißer Königstiger sein, der König aller Tiere. Das war für mich eine wichtige Botschaft.

▶ Stelle dir vor, du wärst eine Farbe …
  Welche wärst du gern? Warum?
▶ Stelle dir vor, du wärst ein Teil in der Landschaft …
  Was wärst du gern: ein Fluss, ein Berg, …? Warum?
▶ Josef Guggenmos: Aus Glas

> *Manchmal denke ich mir irgendwas.*
> *Und zum Spaß*
> *Denke ich mir jetzt, ich bin aus Glas.*
> *Alle Leute, die da auf der Straße gehen,*
> *Bleiben stehen,*
> *Um einander durch mich anzusehen.*
> *Und die vielen andern Kinder schrein:*
> *Ei wie fein!*
> *Ich, ich, ich will auch durchsichtig sein!*
> *Doch ein Lümmel stößt mich in den Rücken.*
> *Ich fall hin …*
> *Klirr, da liege ich in tausend Stücken.*
> *Ach, ich bleibe lieber, wie ich bin!*

Das Umschreiben dieses Gedichtes hat mir manche Information über meine Schüler gegeben, die ich in der 5. Klasse als Klassenlehrerin bekommen habe.

Aufgabe war es, sich ein anderes Material zu überlegen, aus dem man gern wäre und welche Folgen das haben könnte.

◖ *„Ich wünschte, ich wäre aus Gold.*
Man trüge mich in aller Welt herum, um den Hals, um Finger,
um den Arm, an den Ohren und auf dem Kopf. Ich würde dann
auf Samt liegen und in weicher Wolle schlafen …" Svenja

◖ *„Ich wünschte, ich wäre aus Papier.*
Als ich so von der Schule heimging, dachte ich mir im Kopf,
ich wäre aus Papier und wenn wir einen Ausflug machen, bin ich ganz leicht.
Da nehme ich nur eine rote Wurst mit …" Christin

◖ *„Ich wünschte, ich wäre aus Gummi.*
Wenn ich aus Gummi wäre, könnte mich keiner zerschlagen, denn
die Hand würde zurückschnalzen und dem anderen ins Gesicht …" Aaron

Nach sechs Schuljahren wurden die Texte, die in der 5. Klasse 1974 entstanden waren, in die Abschlusszeitung aufgenommen, die damit sehr persönlich gestaltet wurde. Dieses Heft haben die meisten Schüler aufbewahrt und zur Feier ihres 25-jährigen Realschulabschlusses im Jahr 2005 mitgebracht.

4. Lerntypen berücksichtigen

Wenn ich meine Schüler im Unterricht individuell fördern möchte, muss ich wissen, mit welchen Sinnen die einzelnen Schüler Lerninhalte am besten aufnehmen: über das Sehen, das Hören oder das „Begreifen". Michael Grinder unterscheidet in „NLP für Lehrer" den visuellen, den auditiven und den kinästhetischen Zugangskanal[7].

Mir fiel bei einem fünfzehnjährigen Schüler auf, dass er im Unterricht oft nichts mitschrieb. Ich beobachtete ihn eine Weile, ohne ihn wegen seiner fehlenden schriftlichen Unterlagen zu ermahnen, da er sehr gute mündliche und schriftliche Leistungen erbrachte. Schließlich fragte ich ihn, wie er sich denn auf seine Klassenarbeiten vorbereite. Seine Antwort: „Ich mache mir von allem, was wir durchnehmen, meinen Film. Den kann ich dann vorwärts oder rückwärts laufen lassen, wie ich will. Dann weiß ich alles, was wir gemacht haben." Er war also in der Lage, das Gehörte in Bilder umzusetzen und sich die vermittelten Inhalte auf diese Art dauerhaft einzuprägen.

Zwar haben die meisten Menschen mehrere Kanäle, doch ist einer davon oft stärker ausgeprägt. Diese Erkenntnis ist für den Unterricht von elementarer Bedeutung. Da ich Schüler mit unterschiedlichen Ausprägungen in der Klasse habe, muss ich meinen Unterricht darauf abstimmen, um möglichst alle Schüler zu erreichen, d.h. ich muss verschiedene Zugänge zu einem Thema ermöglichen.

Allerdings muss ich auch nach Entwicklungsstufen unterscheiden. Bei Schulanfängern ist in der Regel der kinästhetische Kanal besonders ausgeprägt, sie lassen sich z.B. gern an die Hand nehmen und lernen durch

---

[7] Grinder, Michael: NLP für Lehrer. Ein praxisorientiertes Arbeitsbuch. Kirchzarten 2003.

„Begreifen". Im Verlauf der Grundschulzeit wechseln sie dann zur auditiven Ausprägung, d.h. sie nehmen mehr über das Zuhören auf. In den weiterführenden Schulen spielt zunehmend der visuelle Kanal eine Rolle. Deshalb haben hier Schüler, die überwiegend kinästhetisch oder auditiv ausgeprägt sind, häufiger Probleme.

Wer sich mit einem weiteren Ansatz zu diesem Thema beschäftigen will, sei auf das Buch von Ellen Arnold „Jetzt versteh' ich das!"[8] verwiesen. Es unterscheidet nach der Theorie von Howard Gardner acht verschiedene Lerntypen. Ellen Arnold beschreibt die Vorlieben, Eigenschaften, Strategien und Lerntechniken des jeweiligen Typs. Sie zeigt Hilfen zur Weiterentwicklung auf und gibt Tipps bei Frust und Problemen.

 ## Der visuelle Lerntyp

Verhalten:

▶ ist sauber und ordentlich

▶ verhält sich eher ruhig und besonnen

▶ hat den Überblick

Sprechen:

▶ spricht meist sehr schnell

▶ hat eine eher hohe Stimme

▶ benutzt Wörter wie: sehen, betrachten, sich vorstellen, klar, trüb …

---

[8] Arnold, Ellen: Jetzt versteh' ich das! Bessere Lernerfolge durch Förderung der verschiedenen Lerntypen. Mülheim an der Ruhr 2000.

Schreiben/Lesen:

- benutzt eine sehr bilderreiche Sprache
- hat eine schöne Handschrift
- verwendet Farben und Textmarker
- liest lieber selbst als zuzuhören
- kann sehr gut lesen, hohe Geschwindigkeit
- sieht Wörter vor sich und kann sie buchstabieren

Lernen:

- muss den Lernstoff aufschreiben als Brücke vom auditiven zum visuellen Kanal
- vereinfacht komplizierte Textaufgaben durch Zeichnungen oder Skizzen
- benutzt gern Grafiken, Übersichtstafeln, Bilder
- muss Anweisungen sehen/lesen
- braucht beim Lob den Blickkontakt

Besondere Fähigkeiten:

- hat eine lebendige und bildhafte Fantasie
- weiß genau, was wo steht
- kann sich gut innere Bilder merken, die ins Langzeitgedächtnis übergehen
- gestaltet Informationen übersichtlich und optisch ansprechend

Weitere Merkmale:

- zeigt Veränderungen und Bewegungen vor allem im Augenbereich
- erinnert sich an Gesehenes, merkt sich Details
- legt Wert auf äußeres Erscheinungsbild
- braucht eine ansprechende Lernumgebung
- hat einen aufgeräumten Schreibtisch

Der auditive Lerntyp

Verhalten:
- ▶ nimmt Informationen mit den Ohren auf
- ▶ wird durch Geräusche schnell abgelenkt
- ▶ führt oft Selbstgespräche
- ▶ bewegt beim Schreiben und Lesen häufig die Lippen

Sprechen:
- ▶ redet gern und ausschweifend
- ▶ spricht meist gleichmäßig, kann aber auch ausdrucksvoll etwas wiedergeben
- ▶ benutzt Wörter wie: hören, zuhören, klingen …

Schreiben/Lesen:
- ▶ schreibt nach dem Klang des Wortes, buchstabiert rhythmisch
- ▶ prägt sich Inhalte durch lautes Lesen ein
- ▶ liest oft langsam, da er gleichzeitig spricht
- ▶ spricht gern beim Schreiben

Lernen:
- ▶ kann gut auswendig lernen
- ▶ braucht Rhythmus/Melodie, um sich etwas zu merken
- ▶ muss über die Lerninhalte sprechen
- ▶ lernt durch Aufnehmen und Abspielen von Lerninhalten auf Band
- ▶ merkt sich Inhalte nach der Reihenfolge

Besondere Fähigkeiten:

▶ kann Gehörtes gut nacherzählen

▶ kann Tonfall, Stimmen und Klangfarbe
nachahmen

▶ bekommt durch Musik produktiven Schwung

Weitere Merkmale:

▶ zeigt Veränderungen und Bewegungen
vor allem um Mund und
Ohren, Ausrufe: „Ah" …

▶ erinnert sich an Besprochenes

▶ hört gerne zu

▶ liebt Musik, hört Töne und Stimmen

Der kinästhetische Lerntyp

Verhalten:

▶ braucht viel Bewegung

▶ agiert mit vielen Gesten

▶ berührt andere, will berührt werden

▶ reagiert auf physisch erlebbare Belohnungen

Sprechen:

▶ spricht eher laut und langsam

▶ benutzt Wörter wie: begreifen, fühlen,
erfassen, „Ich pack es nicht" …

▶ ist sehr einfühlsam

Schreiben/Lesen:
- ▶ zeigt beim Lesen auf den Text
- ▶ liebt Bücher mit viel Handlung
- ▶ schreibt breit und verkrampft
- ▶ überprüft die Schreibweise mit seinem Gefühl

Lernen:
- ▶ muss etwas anfassen, ausprobieren
- ▶ lernt in Bewegung, beim Gehen, Schaukeln
  in der Hängematte …
- ▶ braucht das Darstellen, Vorspielen
- ▶ ist gut in praktischen Fächern

Besondere Fähigkeiten:
- ▶ ist praktisch veranlagt
- ▶ handelt nach dem Gefühl
- ▶ kann gut auswendig lernen, wenn er geht
  und etwas ansieht

Weitere Merkmale:
- ▶ zeigt Veränderungen und Bewegungen
  vom Hals abwärts
- ▶ erinnert sich an den Gesamteindruck,
  ist schwach in Details
- ▶ Gefühl ist wichtiger als Aussehen
- ▶ braucht eine gemütliche Atmosphäre

5. Erwartungen klären

Wenn man mit einer Klasse in ein neues Schuljahr startet, finde ich es wichtig, darüber nachzudenken, was die beteiligten Schüler, Lehrer und Eltern von diesem neuen Abschnitt erwarten. Eine **schriftliche Befragung** ermöglicht allen Schülern, sich dazu zu äußern:

Was erwartet ihr in dem vor euch liegenden Schuljahr
▶ von den Lehrern,
▶ von den Eltern,
▶ von euch selbst?

Ideenkiste[9]

Text fürs Arbeitsblatt:
Erwartungen an die Lehrer …
Erwartungen an die Eltern …
Erwartungen an mich selbst …

Ablauf:
Jeder Schüler erhält das vorbereite DIN-A4-Blatt und trägt seine Erwartungen ein.
Die Blätter werden danach so zusammengelegt, dass die gleichen Abschnitte aufeinander liegen, und entsprechend geschnitten, sodass von jedem Abschnitt ein Stapel vorhanden ist. Die Ergebnisse zu jedem Abschnitt werden zusammengefasst und vorgestellt.

Die Befragung einer 9. Klasse brachte bei 27 Schülern folgende Ergebnisse:

Erwartungen an die Lehrer	%
Unterricht interessant gestalten	33
erklären, wenn ich etwas nicht verstanden habe	33
uns unterstützen	33
keine Angst machen vor Arbeiten	22
keine unangesagten Tests	11

▶▶▶

---

[9] Klein, Kerstin: So erklär' ich das! 60 Methoden für die produktive Arbeit in der Klasse. Mülheim an der Ruhr 2002. S. 24ff.

Erwartungen an die Eltern	%
bei Problemen in der Schule helfen	33
bei schlechten Noten Hilfe und Verständnis	27
die Klasse unterstützen	27
Lehrern die Meinung sagen	22
Rücksicht nehmen bei Stress	11

Erwartungen an mich selbst	%
Hausaufgaben machen	33
im Unterricht besser mitarbeiten	27
meinen Traumberuf anstreben	22

Assoziationsstern[10]

Ablauf:

Es werden sechs Tischgruppen gebildet. Jede Gruppe erhält einen großen Papierbogen, auf dem in der Mitte das Thema steht. Zwei Bögen enthalten die Erwartungen an die Lehrer, zwei die an die Eltern, zwei die an sich selbst. Wenn jeweils zwei Gruppen das gleiche Thema bearbeiten, werden die Ergebnisse vielfältiger. Jeder äußert schriftlich seine Erwartungen, kann auch die Beiträge der anderen ergänzen und kommentieren. Die Bögen werden nach einigen Minuten an die nächste Gruppe weitergegeben, die ein anderes Thema bearbeitet hat. Sie kann die Beiträge ergänzen und kommentieren. Es darf während dieser Phase nicht miteinander geredet werden. Jede Gruppe sollte jedes Thema bearbeitet haben. Abschließend bekommt jede Gruppe ihren ersten Bogen zurück, wertet ihn aus und stellt das Ergebnis vor. Eine Präsentation der Ergebnisse bei der Klassenpflegschaftssitzung oder im Lehrerzimmer ist möglich.

[10] Klein, Kerstin: So erklär' ich das! S.12f.

6. Sitzordnung gestalten

Eine bis heute häufig übliche Sitzordnung: Die Schüler sitzen in Reihen hintereinander mit dem Blick zum Lehrer und zur Tafel. Diese Sitzordnung ist für den darstellenden Unterricht, der Vorlesungscharakter hat, geeignet, also wenn Schüler sich das aneignen sollen, was ihnen dargeboten wird. Allerdings entsteht für die, die hinten sitzen, bei dieser Sitzordnung das Problem, dass die Beiträge der Schüler aus den vorderen Reihen akustisch meist schlecht zu verstehen sind.

Es ist also kaum möglich, bei dieser Sitzordnung miteinander ins Gespräch zu kommen. Da die Schüler auch lernen sollen, sich auf die Beiträge der Mitschüler zu beziehen, die Antworten und Beiträge der anderen in ihre Überlegungen miteinzubeziehen, muss eine Sitzordnung gewählt werden, die die folgenden Prämissen berücksichtigt:

> ▶ Möglichst jeder sollte jeden sehen und auch hören können.
> ▶ Schülerbeiträge sollten nicht nur an den Lehrer gerichtet sein.

> ▶ Arbeit in Gruppen sollte nach Phasen frontalen Unterrichts ohne großes Umstellen der Tische möglich sein.

Halbkreis oder Hufeisen

Für den „normalen" Unterricht ist meines Erachtens das **Hufeisen** recht gut geeignet. Allerdings reicht bei Klassenstärken von oft mehr als 25 Schülern ein einfaches Hufeisen nicht aus. Alternativ können zwei ineinandergestellt werden oder im inneren Bereich eines einfachen Hufeisens werden Tische angefügt. So sind auch Gruppentische schnell zu arrangieren.

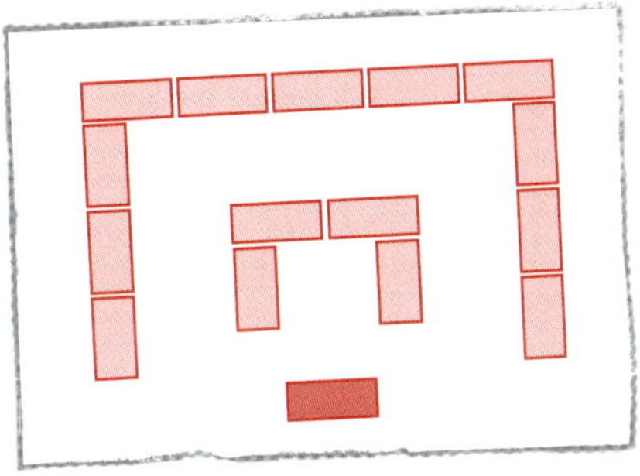

Ich bevorzuge diese Lösung mit zwei Hufeisen. Von Seiten meiner Schüler gab es Kritik. Sie machten mir die folgenden Verbesserungsvorschläge.

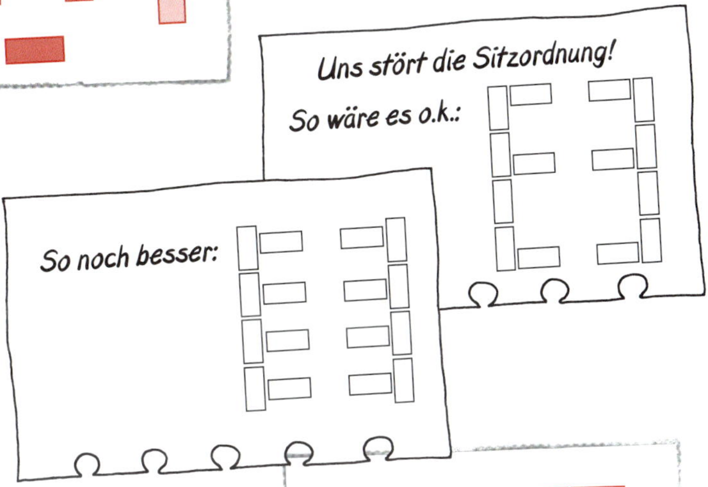

Uns stört die Sitzordnung!

So wäre es o.k.:

So noch besser:

Wir haben uns dann auf die folgende Anordnung geeinigt:

Am besten ist meiner Meinung nach der **Halbkreis** geeignet, weil es dabei, und das ist der Vorteil gegenüber dem Hufeisen, keine „Schwätzecken" gibt. Er braucht jedoch mehr Platz. Bei einer Klassengröße von 28 Schülern müssen bei der normalen Klassenzimmergröße zwei Halbkreise, wie skizziert, ineinander angeordnet werden. Auch hier sind Gruppentische schnell gestellt.

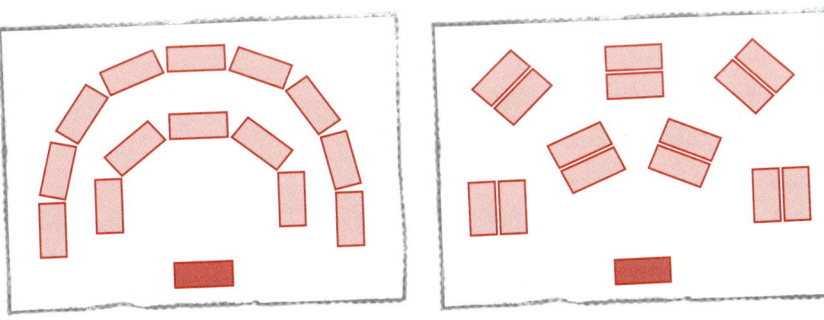

Für Klassengespräche ist der Stuhlkreis besonders geeignet, weil jeder jeden sehen und hören kann. Die Umstellung erfolgt nach ein wenig Übung sehr schnell und problemlos.

Position des Lehrertisches

Ich empfinde ihn als Barriere und versuche, möglichst eine Position zu finden, wo ich offen zur Klasse stehen kann. Als Barriere kann ich den Tisch allerdings bei Disziplinierungen einsetzen, indem ich mich dahinter verschanze. Meine Schüler wissen recht bald, was es zu bedeuten hat, wenn ich mich hinter den Tisch verziehe, ohne dass ich etwas daran zu arbeiten habe.

7. Verantwortung übernehmen

Möglichst jeder Schüler sollte zum Gelingen der gemeinsamen Arbeit etwas beitragen können. Wenn jeder für einen Teilbereich Verantwortung trägt, wird er sich mit der Klasse und mit dem Klassenzimmer verstärkt identifizieren können. Es gibt eine Reihe von Tätigkeiten, die auf mehrere Schultern verteilt werden können.

Ämterverteilung

Im Folgenden habe ich die Aufgaben zusammengestellt, die für mich und meine Klassen wichtig sind, und gleich in eine entsprechende Übersicht gesetzt.

Je nach den Gepflogenheiten der Schule gibt es weitere oder auch andere Betätigungsfelder.

Aufgabe:		Zuständig sind:
Klassensprecher		
Tagebuchordner		
Tafeldienst		
Putzdienst		
Blumendienst		
Schrankdienst		
Ausgabe Moderationsmaterialien		
Wandgestaltung (Plakate)		
Eintragungen Jahresplaner		

Die Liste hängt im Klassenzimmer, sodass jeder Schüler sich informieren kann, wer welche Aufgabe übernommen hat. Das ist vor allem auch wichtig für die Fachlehrer, die nur wenige Stunden in der Klasse unterrichten.

Die Dienste können nach einer bestimmten Zeit, z.B. monatlich, gewechselt werden. Ausgenommen davon sind die Klassensprecher, die von der Klasse normalerweise für das ganze Schuljahr gewählt werden. Sie können allerdings während des Schuljahres zurücktreten oder auch abgewählt werden.

Wenn ein Dienst nicht zuverlässig erledigt wird, kann ich vor dem Unterricht einen **Erinnerungszettel** auf den Tisch kleben: „Bitte denke daran, dass du den Schrank wieder einmal aufräumen solltest!" Wenn das nicht hilft, muss das Thema im Klassenverband angesprochen werden.
Wenn Dienste besonders gut erledigt werden, ist ein Griff in mein „Kistchen" (s. Kap. 4 „Lernatmosphäre schaffen") angesagt. Unter Umständen (je nach Schulart oder Bundesland) ist auch eine entsprechende Bemerkung im Zeugnis möglich.

 ## Klassensprecher

Wenn Schüler zu mündigen Bürgern werden sollen, ist die Wahl von Klassensprechern eine wichtige demokratische Handlung.
Sie müssen wissen, dass sie wählen und sich zur Wahl stellen können.
Durch die Klassensprecher werden die Interessen der Klasse in der Schülervertretung der Schule artikuliert. Die Schülervertretung kann immerhin das eine oder andere bewegen, und wenn es nur darum geht, dass ein Getränkeautomat aufgestellt oder ein Verkauf von belegten Brötchen in der Pause eingerichtet wird. Die Tätigkeit in der Schülervertretung kann im Zeugnis oder in sonstiger geeigneter Form bescheinigt werden und deshalb bei höheren Klassen für Bewerbungen von großem Interesse sein.

Die Qual der Wahl

Als Klassenlehrer möchte ich die Bedeutung dieser Wahl vermitteln, denn die Qualität der Arbeit in der Schülervertretung wird maßgeblich durch die Klassensprecher bestimmt. Deshalb versuche ich, sie auf ihr Amt gründlich vorzubereiten. Folgende Schritte können dabei behilflich sein:

Bewusstmachen, wie die Wahl bisher verlief	Wie wurde gewählt?	➠ eher „hoppla-hopp"?
	Wer ließ sich wählen?	➠ die, die es schon waren?
	Wer wurde gewählt?	➠ der Stärkste?
	Warum?	➠ weil er Wort-führer ist?
	Wie wurde die Wahl vorbereitet?	➠ nicht vor-bereitet?
Information über Vorschriften und Gesetze	*Grundlage: Schulgesetz und weitere Verordnungen*	
	Was ist für die Wahl wichtig?	
	Wann sollte sie stattfinden?	
	Wie wird sie durchgeführt?	
	Was ist der Schülerrat?	
	Welche Rechte und Möglichkeiten hat die Schülervertretung/der Schülersprecher?	
Überprüfen der eigenen Voraussetzungen und Bereitschaft	Gegenüberstellung: (siehe unten)	
	Klassensprecher? Ja!	
	Klassensprecher? Nein!	
Durchführung der Wahl (frühestens am Tag nach der Besprechung)	Als Klassenlehrer stelle ich fest, wer kandidieren möchte, und kläre das Wahlverfahren. *Empfehlung:* Klassensprecher und Stellvertreter in gesonderten Wahlgängen ermitteln.	

Die Wahl erst nach der Einführungsrunde durchzuführen, ermöglicht denen, die das Amt anstreben wollen, erst einmal in Ruhe darüber nachzudenken. Auch die, die wählen dürfen, haben Zeit, sich den geeigneten Kandidaten auszusuchen.

Als Klassenlehrer habe ich die Möglichkeit, die Arbeit der Klassensprecher anzuerkennen, indem sie ausreichend Zeit für Besprechungen mit der Klasse bekommen und am Schuljahresende kleine Präsente für besonderes Engagement erhalten. Außerdem werde ich sie auf die Möglichkeit hinweisen, dass die Tätigkeit im Zeugnis vermerkt werden kann. An manchen Schulen gibt es dafür sogar Testate.

Nicht alles habe ich in der Hand, aber meine eigene Einstellung zu dieser Tätigkeit kann sich möglicherweise, vor allem bei älteren Schülern, positiv auf das Wahlverhalten der Klasse auswirken.

Die folgenden Aspekte können eine **Entscheidungshilfe für Schüler** sein, die sich die Kandidatur überlegen:

KlassensprecherIn?
Ja – Bitte!

KlassensprecherIn?
Nein – Danke!

Als Klassensprecher ...	**Als Klassensprecher ...**
... kann ich die Interessen meiner Mitschüler vertreten.	... bin ich oft der „Buhmann" und stehe zwischen Lehrern und Schülern.
... kann ich darüber mitbestimmen, wer Verbindungslehrer wird.	... werde ich immer wieder zum „Hilfssheriff" gemacht.
... kann ich meine Klasse immer gut über das informieren, was an der Schule laufen soll.	... muss ich auch Freizeit investieren. Andere Sachen kommen dann zu kurz.
... kann ich mich als Schülersprecher bewerben, um die Interessen aller Schüler der Schule zu vertreten.	... bin ich manchen Situationen nicht gewachsen, z.B. wenn es Probleme mit einem Lehrer gibt.

▶▶▶

▶▶▶ **Als Klassensprecher ...**   **Als Klassensprecher ...**

... kann ich in die Schulkonferenz gewählt werden und die Interessen der Schüler dort vertreten.

... habe ich das Recht, Beschwerden vorzubringen.

... lerne ich Dinge, die mir später nützlich sein können, z.B. etwas planen, Verantwortung übernehmen, Rechte durchsetzen u.v.m.

... habe ich es schwer bei meinen Mitschülern, die meinen, ich wär jetzt etwas Besseres.

... werde ich ausgenutzt, weil mir alle möglichen Aufgaben zugeschoben werden.

... werde ich von Schülern wie von Lehrern doch nicht ganz ernst genommen.

Soll ich?

Soll ich nicht?

☐ Ja, ich lasse mich zur Wahl aufstellen!

☐ Nein, ich lasse mich nicht zur Wahl aufstellen!

8. In Gruppen arbeiten

Damit Schüler in Gruppen erfolgreich arbeiten können, muss ich ihnen
Gelegenheiten geben, dies zu **erlernen** und zu **trainieren**. Sie müssen
wissen, dass jede Gruppenarbeit bestimmte Phasen durchläuft und es
durchaus normal ist, dass bei der Arbeit in Gruppen Konflikte auftreten.[11]
Als Lehrer muss ich mir über die Größe der Gruppen und die Art der
Gruppenbildung Gedanken machen. Meiner Erfahrung nach können drei
bis vier Schüler in einer Gruppe effektiv miteinander arbeiten. Größeren
Gruppen fällt es in der Regel schwer, sich untereinander abzustimmen,
außerdem ist die Gefahr groß, dass sich jemand zurücknimmt.

Für die Gruppenbildung gibt es verschiedene Möglichkeiten:

▶ Bei **Themengruppen** entscheiden sich die Teilnehmer
   nach Interesse am Thema.
▶ Bei **Plangruppen** gebe ich als Lehrer vor, wer mit wem
   zusammenarbeitet.
▶ Bei **Zufallsgruppen** finden sich die Gruppenmitglieder z.B.
   nach Spielkarten, Puzzleteilen oder Symbolen zusammen.[12]

Wenn die Gruppen jedes Mal neu eingeteilt werden, müssen sie sich
erst aneinander gewöhnen und die Rollen klären. Deshalb werden sie
die Phasen der Gruppenarbeit intensiver durchlaufen und mehr Zeit brauchen, als wenn sie über einen längeren Zeitraum fest zusammenbleiben.
Ich halte die Bildung von festen Gruppen deshalb für vorteilhafter.
Für die Einteilung gibt es verschiedene Kriterien. Ich muss je nach Klasse
entscheiden, ob ich es zulasse, dass befreundete Schüler in einer Gruppe
zusammenarbeiten dürfen, oder ob der Grundsatz gilt, dass jeder bereit
sein muss, mit jedem zusammenzuarbeiten. Letzteres ist auf jeden Fall ein
erstrebenswertes Ziel.

---

[11] Klein, Kerstin: So erklär´ ich das! S. 88ff.
[12] S.o., S. 78ff.

Für die **Einteilung** kann ich folgendermaßen vorgehen:

▶ Die Klassensprecher und interessierte Schüler legen mit mir gemeinsam die Gruppen fest.

▶ Ich teile die Gruppen allein oder mit anderen Fachlehrern ein.

▶ Die Klassensprecher übernehmen die Einteilung. Das halte ich allerdings erst in den höheren Klassen für möglich, wenn sie in der Klasse anerkannt sind, die nötige Reife und ein ausgeprägtes Verantwortungsgefühl haben.

Bei einer 9. Klasse haben die Klassensprecher die Einteilung sehr gewissenhaft durchgeführt. Als sie fertig waren, haben sie jeden einzelnen Schüler zu sich geholt und ihn gefragt, ob er mit der Einteilung zufrieden ist. Wenn das nicht der Fall war, haben sie Änderungen vorgenommen.

Bei festen Gruppen kann ich den Zeitraum festlegen, über den die Gruppen konstant bleiben, z.B. über ca. drei Monate. Dann kann ein Wechsel möglich oder sogar erwünscht sein.

Arbeitsgruppen Klasse 8 c								
Gr.	Namen	Gruppenporträt 19.09.	Lückentext GK 26.09.	Gedichtvortrag 01.10.	Dreiecke 11.10.	Präs. Gesch. 22.10.	Punkte	Platz
1	M., U., P., B.	6	6	7,5	1	7	27,5	8
2	M., P., A., T.	5	4	7	4	7	27	9
3	M., L., S., C.	8	8	8	5	7	36	3
4	S., P., N.	7	9	7,5	5	7	35,5	4
5	F., Kr., S.	8	7	9	4	10	38	1
6	A., H., P.	7	5	7	4	7	30	7
7	J., F., J.	9	8	7,5	4	9	37,5	2
8	J., J., J.	8	7	7	3	8	33	5
9	N., D., J.	8	8	9	5	8	38	1
10	S., K., K.	8	7	7	2	7	31	6

Um die Gruppen aufeinander einzustimmen, kann ich ihnen besondere Aufgaben stellen, für die es Punkte gibt. So kann ich dann die beste Gruppe ermitteln. Das kann für die Gruppen ein Ansporn sein, ihre Zusammenarbeit zu verbessern.

Beispiele für Teamaufgaben:

▶ **Ein Gruppenporträt erstellen:** Die Gruppe stellt sich mit Hilfe eines Porträts vor. Sie gibt den anderen notwendige und interessante Informationen: Namen, Aufgaben, Pläne, eigene Vorstellungen, besondere Fähigkeiten, Erwartungen etc. Die Gruppe kann sich einen Namen geben, ein Logo entwickeln ...[13]

▶ **Ein Gedicht vortragen:** Jeder wird nach seinen Möglichkeiten eingesetzt. Es kommt auf ein abwechslungsreiches Zusammenwirken an.

▶ **Quadrate auszählen:** Ein großes Quadrat ist in kleinere unterteilt. Es soll ermittelt werden, wie viele Quadrate sich auch durch Kombinationen mehrerer kleiner Quadrate insgesamt ergeben. Das Gleiche gibt es für Dreiecke.

Wichtig: Jeder zählt erst für sich, dann werden die Zahlen verglichen und diskutiert.

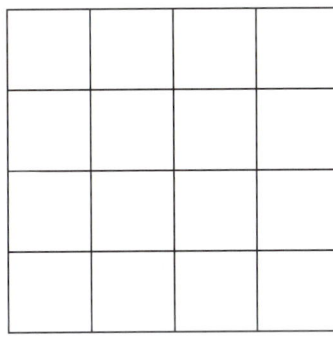

Lösung: 30

▶ Ein **Rätsel** lösen, knifflige Aufgaben oder einen Lückentext bearbeiten sowie Rätsel und Lückentexte zu einem Thema selbst erstellen.

▶ Eine **Gruppenpräsentation** zu einem Thema im Fachunterricht gestalten.

▶ Gemeinsam, ohne zu reden, auf einen großen Papierbogen die „**Traumschule**" zeichnen.[14]

Diese Aufgaben können, wenn sie einem Fach zugeordnet werden, natürlich auch bei den Fachnoten berücksichtig werden.

---

[13] Klein, Kerstin: So erklär' ich das! S. 92f.
[14] S.o., S. 84ff.

Jede Gruppe benötigt für ihre Arbeit außerdem einen **Gruppenfahrplan**, für den einer in der Gruppe verantwortlich ist und in den eingetragen wird, wer an welchem Tag welche Funktion in der Gruppe innehat.

Gruppe					
Datum	Fach	Gesprächs-leiterIn	Schrift-führerIn	Zeit-wächterIn	Ergebnis

Wenn es zu Konflikten kommt, kann eine Gruppe sich eine „Auszeit"[15] nehmen, um die Gründe für den Konflikt herauszufinden und ihn nach Möglichkeit selbst zu lösen. Wenn das nicht funktioniert, muss sie sich Hilfe von mir oder von Mitschülern holen.

Einschätzungsbogen

Aufgabe: Bewerte dein Verhalten bei der Gruppenarbeit mit 0 bis 4 Punkten. Dabei stehen 4 Punkte für sehr gute, 0 Punkte für eine schlechte Leistung. Anschließend sprichst du mit deiner Gruppe darüber, wie du dich selbst siehst und wie die anderen dich sehen. Sucht Gründe für eine unterschiedliche Einschätzung.

Ich …	0	I	2	3	4
kann gut auf andere eingehen.					
spreche Misstände offen an.					
bringe die Arbeit voran.					
ermutige und unterstütze andere.					

Eine Eigenart von mir, die möglicherweise die Zusammenarbeit erschwert:

_____

Auf folgende Weise kann ich versuchen, dagegen anzugehen:

_____

---

[15] Klein, Kerstin: So erklär' ich das! S. 94f.

Lernumgebung gestalten

„Jede fünfte Klasse betritt nach der Aufnahmefeier zunächst
einen mit Absicht nüchternen und kahlen Klassenraum. [...]
Sie merken schnell, dass es ihre Aufgabe ist,
den Raum bewohnbar zu machen.
Pflanzen, Aquarien oder Terrarien, eine Leseecke ...,
Bilder und Fotos verändern das Aussehen des Raumes
in den nächsten Wochen und Monaten.
Es dauert nicht lange,
bis die meisten Schüler von ihrem Klassenraum sagen:
Dies ist mein Ort in dieser Schule!
Hier gehöre ich hin, hier bin ich verantwortlich."

Enja Riegel[16]

[16] Riegel, Enja: Schule kann gelingen. Frankfurt 2004. S. 184f.

Jede Klasse braucht meiner Meinung nach ihr eigenes Klassenzimmer.
Was Enja Riegel, die ehemalige Schulleiterin der Helene-Lange-Schule in
Wiesbaden, in ihrem Buch beschreibt, ist auch meine Erfahrung.

Die Schüler brauchen einen
Raum, in dem sie sich wohlfüh-
len können. Dazu müssen sie
die Gelegenheit haben, ihn nach
ihren Vorstellungen mitzugestal-
ten, denn dann können sie sich
auch damit identifizieren.
In vielen Grundschulen sind
die Klassenzimmer sehr ansprechend eingerichtet. Sie haben
verschiedene Arbeitsbereiche,
Leseecken, genügend Raum für
Gespräche, Schränke und Fächer
für Materialien. An den weiterführenden Schulen wird oft
weniger Wert darauf gelegt,
obwohl man inzwischen weiß,
dass sich die Lernumgebung auch
erheblich auf die Lernleistung
auswirkt.

Deshalb musste ich mit meinen Schülern oft selbst an die Arbeit gehen.
In gemeinsamer Arbeit haben wir an Nachmittagen unsere Klassen-
zimmer mit viel Engagement ansprechend gestaltet.

1. Ausstattung

 ### *Regalfächer*

In manchen Klassenzimmern gibt es Regale mit Fächern für jeden einzelnen Schüler, in denen die Materialien deponiert werden können, die meist nur in der Schule gebraucht werden. Dazu gehören Farbkästen, Zeichenblöcke, Freiarbeitsunterlagen und weitere Arbeitsmaterialien.

Das erleichtert die Schultasche und garantiert auch, dass die Unterlagen für die entsprechenden Stunden vorhanden sind und weiter bearbeitet werden können. Die Fächer sollten mit Namen beschriftet sein, damit man sie zuordnen kann, und sie müssen immer wieder aufgeräumt werden.

 ### *Klassenschrank*

In vielen Klassenzimmern gibt es einen Schrank, der manchmal sogar abschließbar ist. Er kann zur Aufbewahrung von Freiarbeitsmaterialien, Schülerheften, Spielen und Moderationsmaterialien dienen. Falls Ihr Klassenraum nicht mit einem Schrank ausgestattet sein sollte, empfehle ich Ihnen, bei den Eltern Ihrer Schüler nach einer kleinen Möbelspende zu fragen. So manches Möbelstück konnte so vor dem Sperrmüll gerettet werden. Da der Klassenschrank immer sehr ordentlich und übersichtlich sortiert sein muss, sollten besonders zuverlässige Schüler für diesen Schrank und die Materialien verantwortlich sein.

 ### *Türen*

Meist dürfen sie nicht bemalt werden, man kann sie aber bekleben, z.B. mit den Umrissen der Hände der Schüler oder den Schattenrissen ihrer Gesichtsprofile, die aus Papier ausgeschnitten werden. Von den Schülern kommen viele interessante Ideen, wenn man sie an der Planung einer solchen Aktion beteiligt.

Wände

Die Wände können mit Arbeitsmaterialien gestaltet werden, die die Schüler hergestellt haben: Lernplakaten, Werken aus dem Kunstunterricht und weiteren Arbeitsergebnissen aus verschiedenen Fächern.

Ein Klassenzimmer, das ich mit meiner Klasse übernahm, hatte eine neue, kleinere Tafel bekommen. Die Wand zeigte die bis dahin abgedeckten schmutzigen Partien. Vom Schulträger war keine Renovierung in Sicht. In einem mehrtägigen Einsatz hat die 9. Klasse zwei Wände ihres Klassenzimmers neu gestrichen und achtete anschließend besonders darauf, dass es sauber gehalten wurde. Der Antrag auf Bezahlung der Farben wurde schließlich auch genehmigt.

Fenster

An manchen Schulen können Fenster, z.B. zum Flur, mit Fingerfarben gestaltet werden, wenn die Schulleitung damit einverstanden ist. Das gibt dem Klassenzimmer eine unverwechselbare Note. Man kann sich für ein bestimmtes Motiv entscheiden und dieses variieren.

2. Weitere Gestaltungs-elemente

 ## Schwätz- oder Leseecke

Sofas sind bei Schülern sehr beliebt, werden aber oft von Schulleitung, Hausmeister oder Putzfrauen nicht toleriert. Deshalb sollte man vorher die an der Schule üblichen Bedingungen abklären. Die Möbel müssen stabil sein und in Ordnung gehalten werden.

Eine besonders positive Erfahrung: Der Großvater einer Schülerin war Polsterer und hat ein altes Sofa so schön hergerichtet, dass es dann von den Schülern gut gepflegt wurde.

 ## Gardinen

Aus der gleichen Quelle kamen Stoffballen mit Deko-Stoffen für schöne und feste Gardinen, die die zerfetzten Gummi-Verdunkelungsvorhänge ersetzten.

 ## Tee-Ecke

Besonders bei älteren Schülern ist sie beliebt: Sich bei länger dauernden Arbeitsphasen Tee kochen zu dürfen, ist ein besonderes Privileg – und heute, mit Wasserkocher und Thermoskanne, kein Problem mehr. Aber auch hier gilt: Ein Schülerteam muss für die Ecke verantwortlich sein und nach der Unterrichtszeit das Spülen und Aufräumen übernehmen. Auch muss es klare Bedingungen und Absprachen mit den in der Klasse unterrichtenden Lehrern geben, wann das Teekochen und -trinken erlaubt ist.

59

Pinnwände

Nicht in allen Klassenzimmern sind genügend
Wandflächen vorhanden, an denen mit Nadeln
Informationen, Arbeits- und Terminpläne, Schülerarbeiten oder Plakate befestigt werden können.
Dafür sind manche Wände oder Tafeln magnetisch, sodass sie entsprechend genutzt werden können. An Betonwänden haften Klebeknete
bzw. Powerstrips. Wenn es dennoch zu wenig Möglichkeiten gibt, etwas
anzubringen, können im Technikunterricht oder an einem Nachmittag
mit Elternhilfe Sperrholzplatten mit Korktapete bezogen, mit seitlichen
Stützen zum Aufstellen versehen oder an der Wand angebracht werden.

Pflanzen

Sie verschönern jedes Klassenzimmer. Manchmal gibt es Experten in
der Klasse, die die Pflanzen gern pflegen, vermehren und sogar züchten.
In der Regel ist es kein Problem, schöne Pflanzen zu bekommen.
Manchmal haben Eltern zu viele oder zu große Pflanzen und geben sie
gern ab. Wichtig ist, dass das Pflegeteam auch für die Ferienzeit vorsorgt.
In manchen Schulen gibt es dafür bereits besondere Regelungen.

3. Arbeitsmaterialien

Stundenplan

In Großformat aus Tonpapier
hängt der Stundenplan für alle
gut sichtbar an der Wand.
Jeder Lehrer kann sich darüber
informieren:

▶ welche Stunden die Klasse vor und nach seinem Unterricht hat,

▶ ob es ein besonders anstrengender Tag für die Klasse ist,

▶ welche Stunden an Nachmittagen liegen (um entsprechend die Hausaufgaben zu dosieren),

▶ ob er an diesem Tag die letzte Unterrichtsstunde in der Klasse hält und der Raum danach aufgeräumt werden muss: Dann kann er, wenn nötig, das Putzkommando an seine Aufgabe erinnern.

Jahresplaner

Ein Jahresplaner in Großformat ist bei Krankenkassen, Versicherungen und Interessenverbänden kostenlos zu bekommen. Vermerkt werden können Klassenarbeiten, Ausflüge und Lerngänge, Schullandheim, Praktikum, evtl. auch Geburtstage, besondere Feiertage, auch bei nicht-christlichen Religionen. Bestimmte Schüler sind für die Eintragungen zuständig, ergänzen und korrigieren sie. Der Jahresplaner bietet allen Lehrern und Schülern einen guten Überblick und erleichtert die Planung.

Moderationsmaterialien

Im Baumarkt kann man einen Werkzeugkoffer preisgünstig beschaffen, den man selbst mit Materialien füllt, denn die handelsüblichen Moderatorenkoffer sind für den Einsatz in der Schule zu teuer.

Inhalt: bunte Papierstreifen (Abfälle von Papierfabriken oder Spende von Eltern), evtl. Moderationskarten, Klebestreifen und -stift, Magnete, Pinnwandnadeln, Klebeknete, breite Marker, Eddings, Spielpüppchen, Würfel, Folienstifte, Tesafilm, Heftzwecken … Außerdem hat sich mein Scherenset bewährt. Ich habe günstig 14 Scheren erstanden, die ich im Unterricht einsetzen kann, wenn Bedarf ist. Ein Zahlenseilschloss aus dem Fahrradhandel,

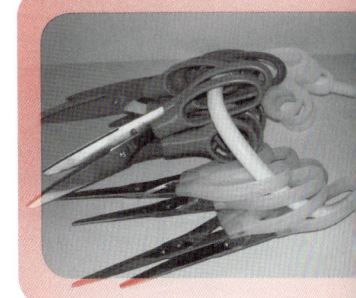

mit dem sie gut zu transportieren sind, dient zur Aufbewahrung.
Den Code wissen die Schüler.
Diese Materialien sind gut geeignet, um Lernplakate und weitere Präsentationsmaterialien herzustellen bzw. nach der Moderationsmethode zu arbeiten.

Bögen für Plakate

Tonpapier ist gut geeignet für Plakate, allerdings auch nicht billig.
Manchmal kann man über Eltern, Papierfabriken oder Supermärkte
(Werbeplakate) recht günstiges oder sogar kostenloses Material
bekommen.
Etwas billiger als Tonpapier ist weißes Flipchartpapier, das als Moderationsmaterial zu bekommen ist. Im Internet findet man verschiedene
Bezugsquellen.

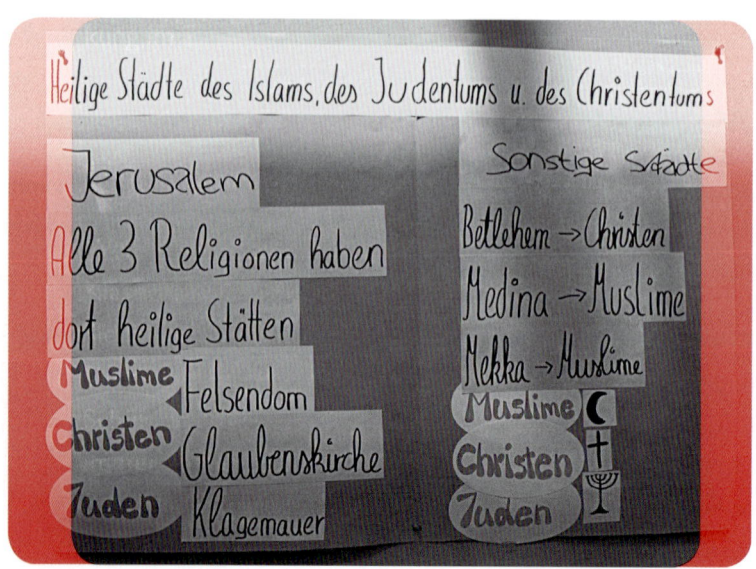

Lernatmosphäre schaffen

„*Nur wer sich aufgehoben fühlt,*
der ist auch frei zu lernen."

Hartmut von Hentig

Was macht eine gute Lernatmosphäre aus?

Die Schüler kommen gern in die Schule. Sie haben Freude daran, etwas zu lernen, denn sie fühlen sich „aufgehoben" und ernst genommen. Sie wissen, dass sie Fehler machen dürfen. Konstruktive Kritik, die ihnen weiterhilft, ist für sie ebenso wichtig wie Lob und Anerkennung.

Die Atmosphäre der gegenseitigen Wertschätzung bestimmt das Klassenklima, das besonders durch das Verhalten des Lehrers geprägt wird. Der Lehrer hat Freude am Umgang mit seinen Klassen, macht seine Arbeit gern und mit viel Engagement. Er mag seine Schüler, unterstützt ihren Lernprozess, berät und begleitet sie beim Lernen. Weil er sich für sie interessiert, kennt er ihre Interessen, Vorlieben und Freuden, aber auch ihre Sorgen und Nöte. Deshalb kann er ihnen besser gerecht werden, wenn es Probleme gibt. Da der Lehrer seine Schüler als Partner sieht, kann er ihnen Verantwortung übertragen und sie dazu anleiten, selbstständig zu werden. Er traut ihnen etwas zu.

Gemeinsam aufgestellte Regeln sind die Grundlage für einen respektvollen Umgang miteinander. Rituale, die beiden Seiten vertraut sind, erleichtern das Miteinander und ermöglichen oftmals einen Austausch ohne Worte. Jeder weiß, wie man Feedback gibt und kann in angemessener Form Rückmeldung zu dem geben, was ihn stört, aber auch zu dem, was ihm gefällt.

„Du darfst ein Kind nicht beschämen!" Diese Grundregel aus den finnischen Schulen hat mich nachhaltig beeindruckt.

1. Klassenregeln

Eine Gemeinschaft braucht Regeln, die Orientierung geben, damit alle wissen, worauf es im Umgang miteinander ankommt. Solche Regeln sollte ich **gemeinsam** mit der Klasse entwickeln[17], damit auch alle Schüler sich mit diesen Regeln identifizieren können.

Wichtig sind **positive Formulierungen**, d.h. das gewünschte Verhalten sollte in der Regel benannt werden. Identifikation schaffen Formulierungen mit „Ich" oder „Wir". Die **Zahl** der Regeln sollte sich in Grenzen halten, damit sie überschaubar bleiben. Wenn sie mit passenden **Symbolen** versehen werden, sind sie für Schüler häufig leichter zu verstehen und besser zu merken als Texte.

Klassenregeln

1.   Ich will mit den anderen friedlich umgehen und ihre Meinung ernst nehmen.

2.   Ich melde mich, wenn ich etwas sagen möchte.

3.   Ich trage dazu bei, dass unser Klassenzimmer ordentlich und sauber aussieht.

Die Regeln werden für alle sichtbar im Klassenzimmer ausgehängt. Bei Verstößen kann man auf die Regel verweisen, die verletzt wurde. Die Konsequenzen, die sich aus dieser **Regelverletzung** ergeben, müssen vorher mit der Klasse vereinbart oder abgeklärt werden (Konsequenzen bei Verstößen: s. Kap. 5 „Mit Störungen und Konflikten umgehen").

2. Rituale

 ## Stundenbeginn

Für mich ist jede neue Stunde eine Chance für einen Neubeginn. Der gemeinsame Anfang ist ein wichtiges Ritual, mit dem wir uns aufeinander einstimmen. Jeder soll die Möglichkeit haben, die anderen wahrzunehmen und selbst wahrgenommen zu werden. Dadurch wird ein Stück **Gemeinsamkeit** hergestellt.

---

[17] Klein, Kerstin: So erklär' ich das! S. 31.

Besonders jüngere Schüler kommen zu Stundenbeginn gern zu mir, um mich etwas zu fragen oder mir etwas zu erzählen. Sie stehen dann wie in einer Traube um mich herum und erwarten, dass ich mir Zeit für sie nehme. So viel Zeit kann ich mir allerdings nicht nehmen, weil dann die anderen Schüler und mein Unterricht zu kurz kommen würden.

Mit etwas Nachdruck gelingt es mir, sie darauf einzustimmen, dass ich mir während der Stunde z.B. in einer Stillarbeitsphase Zeit für sie nehmen werde, wenn sie ein besonderes Anliegen haben. Es klappt vielleicht nicht gleich von Anfang an, dass die Schüler das akzeptieren, aber mit ein wenig Übung stellen sie sich darauf ein.

Abholen, wo sie sind …

Zu Stundenbeginn überprüfe ich, ob alle da sind und wie ihre Befindlichkeit ist. Ich nehme Blickkontakt auf, gehe vielleicht zu jemandem hin, um mich nach etwas zu erkundigen.

Wenn alle so weit sind und Ruhe eingekehrt ist, kann ich alle miteinander begrüßen. Da meine Schüler an dieses Ritual gewöhnt sind, fordern sie es ein, wenn ich es einmal vergesse. Wenn die Begrüßung etwas „schlapp" ausfällt, wiederhole ich die Zeremonie oder begrüße einen Einzelnen ganz persönlich, der vorher nicht bei der Sache war.

Manchmal gebe ich auch etwas mehr Zeit, wenn beispielsweise vorher eine Klassenarbeit geschrieben wurde, lasse ich lüften, etwas essen oder trinken und ein wenig verschnaufen. Nach einer schwierigen Arbeit gehen wir für 10 Minuten auf den Pausenhof, damit die Schüler sich abreagieren können. In so einer Situation auf einen pünktlichen Anfang zu bestehen, ist sinnlos, die Schüler sind dann doch nicht bei der Sache.

Eine meiner persönlichen Schwächen: Was ich zu Stundenbeginn selten im Kopf habe, sind die negativen Vorkommnisse der letzten Stunde. Vielleicht habe ich einem Schüler eine Extraaufgabe gegeben oder irgendeine andere Disziplinierungsmaßnahme ergriffen. In der aktuellen Stunde habe ich dann vergessen, die Arbeit einzufordern. Dafür habe ich sehr bald eine Lösung gefunden, denn als Lehrer muss ich konsequent sein: Ich habe fast keine Strafarbeiten mehr aufgegeben. Es geht auch ohne!

Wie ist das Wetter bei dir heute?

Dieser Einstieg ist gut geeignet, um die **Stimmung** jedes Einzelnen ein-zufangen, und dauert nur wenige Minuten. Auf meine Frage hin „Wie ist das Wetter bei dir heute?" sammle ich die Antworten an der Tafel. In der Mitte steht „Wetterbericht", außen herum notiere ich die Beiträge, die aus höchstens zwei Wörtern bestehen dürfen. Wenn eine Äußerung ein zweites Mal vorkommt, umrahme ich sie in einer anderen Farbe, sodass es sein kann, dass eine Äußerung mehrere Umrahmungen bekommt. Wenn alle sich geäußert haben, habe ich die aktuelle Stimmungslage erfasst und visualisiert. Gut daran ist, dass jeder sich äußern und etwas loswerden kann und jeder wichtig ist. Wenn erforderlich, kann ich das Ergebnis thematisieren.

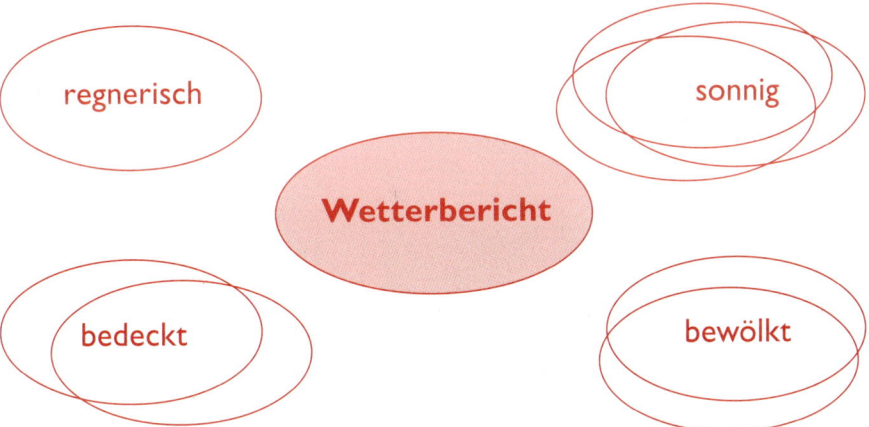

Varianten dazu:

▶ Welche Farbe passt gerade zu deiner Stimmung?
▶ Den Satz beenden: „Ich freue mich über …", „Heute ist …", …

 Chance für eine gute mündliche Note

Besonders gut passt zum Stundenbeginn die **Wiederholung des Lern-stoffes** der vorhergehenden Stunde. Dabei hat jeder die Gelegenheit, einen Beitrag zu leisten. Das ist besonders einfach zu Beginn, wenn noch nicht viel gesagt wurde.

Das hat mit dem bekannten Abfragen wenig zu tun, denn es ist ein freiwilliger Beitrag einzelner Schüler, die sich beteiligen wollen, und motiviert auch deshalb, weil ich dazu mündliche Noten vergeben kann. So wird das Thema der letzten Stunden wieder in Erinnerung gerufen, ohne dass Stress entsteht.

Mein Kistchen (auf Schwäbisch: „Kischtle")

Ich habe verschiedene Schuhkartons, die meine Schüler gut kennen. Der jetzige zum Beispiel hat einen blauen Deckel.

Mein „Kischtle" enthält nur **Kleinigkeiten**, wie besondere Stifte, Spitzer, Radiergummis, Papiertaschentücher mit ausgefallenen Motiven, Lesezeichen, Geodreiecke, kleine Büchlein, gelegentlich etwas Süßes, Blocks, Hefte, Textmarker und vieles andere mehr. Wenn Schüler sich etwas aus dem „Kischtle" aussuchen dürfen, geht es weniger um den materiellen, sondern eher um den ideellen Wert, um Anerkennung, Beachtung, Anteilnahme oder Trost.

Die **Finanzierung** aus der Klassenkasse ist nach Absprache mit den Eltern nie ein Problem (ich habe immer etwas Geld in der Klassenkasse, weil ich für Unternehmungen eher etwas zu viel Geld einsammle, um Nachzahlungen zu vermeiden). Allerdings gebe ich manchmal auch selbst etwas Geld dafür aus. Wenn irgendwo etwas besonders günstig angeboten wird, kaufe ich einfach ein paar Kleinigkeiten.

Wann setze ich das „Kischtle" ein?

▶ Jemand hat etwas besonders gut gemacht oder sich für andere eingesetzt.

▶ Jemand braucht Trost, z.B. wegen einer misslungenen Arbeit.

▶ Manchmal darf man auch einfach Glück haben. „Einer kann gewinnen …": Ich denke mir eine Zahl aus zwischen 0 und 100. Wer sie errät, darf sich etwas aussuchen.

Dieses Spiel setze ich zur Auflockerung ein, als besonderen Stundenbeginn oder als Stimmungsmacher, wenn vorher vielleicht etwas schiefgelaufen ist.

Auch die älteren Schüler erfreuen sich noch am „Kischtle", denn sie nehmen es als Geste der Zuwendung und Anerkennung wahr. Als ein Beispiel für positives Denken und Handeln prägt es die Atmosphäre.

 „Seminar-Atmosphäre" schaffen

Ganz selten verwöhne ich meine Schüler auf die folgende Art und Weise: Für eine länger dauernde Gruppenarbeit stelle ich auf jeden Gruppentisch mehrere Flaschen Sprudel, Becher und dazu Obst und Kekse, so wie man es bei Besprechungen in Firmen erlebt, schön dekoriert mit Servietten und Tellern.

Diese Bewirtung wird als sehr angenehm empfunden und beeinflusst die Arbeitsatmosphäre positiv. Jede Gruppe kann selbst entscheiden, wann sie sich bedienen will, und das wird auch unterschiedlich gehandhabt. Die Auslagen dafür halten sich in Grenzen, es ist nur ein bisschen Arbeit für mich als Lehrer damit verbunden.

Etwas Ähnliches ist in einem meiner Lernzirkel zum Thema „Europa"
vorgesehen. Es gibt dabei eine kulinarische Station mit Besonderheiten
aus europäischen Ländern, deren Herkunft erraten werden muss.
Angeboten werden beispielsweise: Trauben, Baguette, Knäckebrot,
Butter, Käse, Salami, Oliven, Pumpernickel und was es gerade so gibt.
Anschließend muss ein Vierzeiler dazu verfasst werden.

 ## Zeit für Gespräche

Das gegenseitige Kennenlernen braucht Zeit, auch bei Kindern und Jugendlichen. Es muss eine vertrauensvolle Beziehung zueinander entstehen
können, in der jeder sich ernst genommen fühlt. Deshalb suche ich möglichst viele Gelegenheiten, um mit meinen Schülern ins **Gespräch** zu
kommen. Bei der Busfahrt ins Museum oder bei anderen gemeinsamen
Unternehmungen erlebe ich interessante Gespräche, über Hobbys,
Probleme mit den Eltern, Ängste und Freuden.

Für mich als Klassenlehrer ist es wichtig, möglichst viel über die Schüler
meiner Klasse zu wissen, denn erst dann kann ich ihnen gerecht werden
und sie individuell betreuen und begleiten. Dann passiert es mir nicht,
dass ich einen Schüler bestrafe, der gerade zu Hause große Probleme zu
bewältigen hat. Dann kann ich auch einmal etwas übersehen oder mich
diesem Schüler vielleicht in besonderer Weise zuwenden.
Eine gute Gelegenheit für Gespräche ergibt sich beim **gemeinsamen**
Essen, für viele Schüler ein besonderes Ritual, weil sie es zu Hause nicht
oder nur selten erleben. Man hat mehr Zeit füreinander als sonst in der
Schule, kann sich über verschiedene Themen unterhalten und die Schüler
von ganz anderen Seiten kennenlernen. Manche Schulen haben inzwischen
eine Mensa, die eine gute Gelegenheit bietet, sich auf einer ungezwungenen
Ebene zu begegnen.

Gemeinsame Mahlzeit

Als eine meiner Klassen das ganze Schuljahr lang donnerstags immer eine relativ kurze Mittagspause hatte, blieben etliche Schüler über Mittag in der Schule – ich ebenfalls. Eine türkische Schülerin bestellte in der großen Pause die gewünschten Arten von Döner. Ich habe das Essen zu Beginn der Pause abgeholt und dann haben wir im Klassenzimmer gemeinsam Mittag gegessen. Dabei standen vor allem die Jungen um mich herum, um mir von ihren Erlebnissen zu erzählen – bei manchen war vielleicht mittags niemand zu Hause, der ihnen hätte zuhören können. Auf diesem Weg habe ich viel über meine Schüler erfahren und konnte vieles besser verstehen.

3. Ein „Neuer" kommt

Wenn ich einen „Neuen" in die Klasse bekomme, ist es ein Vorteil, wenn man vom Schulleiter rechtzeitig über diesen Schüler informiert wird, vor allem dann, wenn dieser im laufenden Schuljahr dazukommt. Dann kann ich mit der Klasse darüber sprechen und wir können gemeinsam überlegen, wie wir den neuen Mitschüler empfangen. Wir können uns Gedanken darüber machen, neben wem er sitzen soll und wer sich zu Beginn um ihn kümmert, damit ihm der Einstieg erleichtert wird.

Am besten ist es meiner Erfahrung nach, wenn sich eine Gruppe von Schülern bereit erklärt, sich des neuen Mitschülers anzunehmen und ihn vielleicht sogar beim Schulleiter oder im Sekretariat abzuholen. So können neue Schüler möglichst schnell und problemlos integriert werden. Sie haben **Ansprechpartner**, die sich für sie verantwortlich fühlen, ihnen wichtige Informationen und Unterlagen zukommen lassen und ihnen damit das Eingewöhnen erleichtern. Dadurch kann man dem Problem vorbeugen, dass ein „Neuer" erst einmal auffallen muss, um sich die nötige Beachtung zu verschaffen.

4. Belohnung, Anerkennung, Auszeichnung

Als Lehrer arbeiten wir in der Regel häufig mit Ermahnungen und Strafen, weil viele Schüler sich nicht unbedingt so verhalten, wie wir uns das vorstellen. Lob und Belohnung kommen seltener vor. Es gibt sogar das Sprichwort: „Nicht geschimpft, ist schon genug gelobt!"
Das ist für eine gute Lernatmosphäre sicher nicht zuträglich. Dabei geht es nicht darum, die Schüler durch berechnendes Lob zu manipulieren, sondern eine gute Leistung, ein positives Verhalten auch anzuerkennen. Es geht um die **Wertschätzung** der Person des Schülers. Er muss spüren, dass er ernst genommen und nicht mit Floskeln abgespeist wird. Wenn ich meinen Schülern ein Lob ausspreche, möchte ich ihnen damit auch zeigen, dass ich mich darüber freue, wenn sie etwas gut machen.

Es gibt vielfältige Möglichkeiten, Schüler zu loben: Einem Schüler, der vor allem einen visuellen Zugang hat, genügt vielleicht schon ein anerkennender Blick. Der Kinästhet reagiert eher auf ein Schulterklopfen und der Auditive muss das Lob möglichst hören können.

Für ein Lob, das ich Einzelnen oder der ganzen Klasse aussprechen möchte, z.B. für besonders engagierte Mitarbeit, gute Leistungen oder positives Verhalten, kann ich sogar eine entsprechende Bemerkung ins Klassentagebuch eintragen. In der Regel freuen sich die Schüler über einen solchen Eintrag und so erziele ich damit eine positive Wirkung.

„Erwisch sie, wenn sie's gut machen!"
Das ist eines der Geheimnisse vom „Erfolgslehrer", den Peter Grönwoldt[18] im gleichnamigen Buch beschreibt. Er weist darauf hin, dass man als Lehrer vielleicht ab und zu seinen Blickwinkel wechseln muss, weg vom störenden hin zum positiven Verhalten und zu guten Leistungen eines Schülers.

---

[18] Grönwoldt, Peter: Der Erfolgslehrer. Stuttgart 2003. S. 39.

Meiner Erfahrung nach prahlen zwar manche Klassen damit, dass sie besonders schlimm und unbeliebt sind, aber eigentlich wollen sie viel lieber auch anerkannt und positiv wahrgenommen werden. Diesen Teufelskreis zu durchbrechen, sollte die Aufgabe eines Klassenlehrers sein. Diese Aufgabe ist sicher nicht einfach, aber mit einer gewissen Nachdrücklichkeit kann sie durchaus gelingen. Wichtig ist dafür eine gute Zusammenarbeit mit den Lehrern, die in der Klasse unterrichten.

Testate und Urkunden

Wer sich über das übliche Maß hinaus engagiert, bekommt von mir eine Anerkennung, z.B. ein schön gestaltetes Testat oder eine Urkunde für sein Portfolio. Mögliche Anlässe sind die Präsentation des durchgeführten Projektes in der Lehrerkonferenz oder vielleicht sogar bei einer Fortbildungsveranstaltung, besondere Leistungen bei einem Wettkampf, bei schulischen Großveranstaltungen, im Schullandheim, die Tätigkeit als Schülermentor oder als Pate für jüngere Schüler.

Die **Überreichung** sollte in einem würdigen Rahmen stattfinden, vor der gesamten Klasse, bei Elternabenden oder, bei besonderen Verdiensten, vor der Schulgemeinde. Wenn gute Leistungen und positives Verhalten anerkannt werden, wird sich das auf Dauer auf die Lernatmosphäre positiv auswirken und andere anspornen.

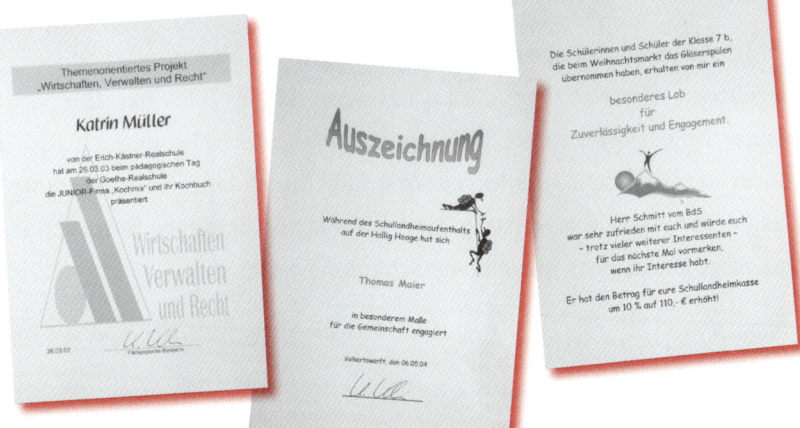

5. Feedback einholen

Wenn ich als Lehrer die Schüler ernst nehme, ist mir die Rückmeldung zum Unterricht und unseren gemeinsamen Unternehmungen wichtig. Die Schüler wissen, dass Kritik erwünscht ist und sie dadurch auf die gemeinsame Arbeit Einfluss nehmen können.

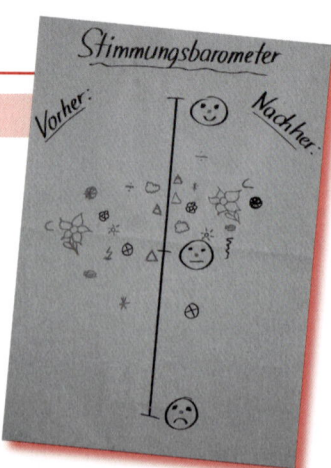

Stimmungsbarometer

Eine einfache Art der Rückmeldung ist das Stimmungsbarometer, mit dem ich Befindlichkeiten und Meinungen abfragen kann. Ich kann damit auch die Stimmung zu Beginn und Ende einer gemeinsamen Veranstaltung checken. Die Schüler machen nicht nur ein Kreuz oder kleben einen Punkt, sondern sie überlegen sich ein kleines Symbol, das sie jeweils zu Beginn und am Ende eintragen. So kann ich erkennen, wie sich bei den Einzelnen die Stimmung verändert hat und nach Bedarf anschließend darüber sprechen.

Stundenfeedback

Für die Auswertung einzelner Stunden eignet sich ein einfacher Fragebogen, der vor allem die Lernatmosphäre im Blick hat. Die Schüler reflektieren damit ihr Verhalten im Unterricht, und ich als Lehrer erhalte wichtige Informationen für meine Unterrichtsplanung. Das Ergebnis der Auswertung kann ich mit den Schülern besprechen. Das zeigt ihnen, dass mir ihre Einschätzung wichtig ist.

A Mitarbeit				ungern	sehr ungern	mitgearbeitet
Ich habe	sehr gern	gern	mittelmäßig			
B Unterrichtsklima				unwohl	sehr unwohl	während des Unterrichts
Ich fühle mich	sehr wohl	wohl	weder wohl noch unwohl			

Wetterbericht

Der folgende Bogen kann für die Auswertung einer Gruppenarbeit verwendet werden. Statt der Smileys wie beim Stimmungsbarometer kann ich Wettersymbole einsetzen. Die einzelnen Arbeitsgruppen erhalten für die Bewertung verschiedene Farben. Damit erhalte ich ein differenziertes Ergebnis zur Selbsteinschätzung der Gruppen.

Wie hat die Zusammenarbeit in der Gruppe funktioniert?			
Wie zufrieden seid ihr mit dem Ergebnis?			
Wie gut habt ihr eure Zeit eingeteilt?			

Evaluationsstrahl

Die Schüler überlegen sich, nach welchen Kriterien sie ihre Arbeit oder eine Veranstaltung bewerten wollen. Auf einen großen Papierbogen werden Strahlen in der entsprechenden Zahl der Kriterien eingezeichnet, die vom Zentrum ausgehend an den äußeren Enden notiert werden.

Mit Klebepunkten oder Kreuzchen werden die Teilbereiche bewertet. Je weiter die Markierung ans Ende des Strahls gesetzt wird, desto positiver ist die Bewertung.

Die Grundideen zu den folgenden Spielen stammen aus dem ersten Band „Kooperative Abenteuerspiele"[19].

Wie war's?

Die Auswertung findet in drei Gesprächsrunden statt. Zu jeder Frage schreibt jedes Gruppenmitglied ein Statement auf ein Plakat an der Tafel. Mögliche Fragen:

▶ Was hat gut geklappt?

▶ Was ist schlecht gelaufen?

▶ Was kann man wie verbessern?

In der Auswertungsrunde sollten die angesprochenen Themen diskutiert werden.

Top oder Flop

Die Teilnehmer finden sich im Kreis zusammen. Der Leiter stellt Fragen zur Einschätzung der Gruppenarbeit:

▶ Hast du dich in der Gruppe wohl gefühlt?

▶ Klappte die Zusammenarbeit?

▶ Hast du zum Gelingen der Aufgabe beigetragen?

▶ Wie zufrieden bist du mit der Art und Weise, wie Entscheidungen getroffen wurden?

Alle Teilnehmer schließen die Augen und zeigen nach jeder gestellten Frage mit ihren Fingern die Einschätzung an. Daumen hoch bedeutet „Top", Daumen runter „Flop", Daumen waagerecht „solala".
Erst, wenn die Entscheidung angezeigt wird, öffnen die Schüler die Augen und diskutieren ihre Einschätzung.

---

[19] Gilsdorf, Rüdiger/Kistner, Günter: Kooperative Abenteuerspiele. Band I. S. 166, 161 und 167.

Schatzkästlein und Mülleimer

Bei dieser Methode geht es darum, dass alles Ärgerliche und Unangenehme in den Mülleimer, die positiven Erfahrungen in das Schatzkästlein gelegt werden. Angenehme und
unangenehme Aspekte des gemeinsam Erlebten werden auf Kärtchen
festgehalten und eingesammelt.
Anschließend werden die Kärtchen getrennt voneinander
vorgelesen und auf ein Plakat
geheftet. Die Gruppe soll darüber
diskutieren, wie aus dem Inhalt
des Mülleimers ein Schatzkästlein
wird und wie man Schätze sammeln kann.

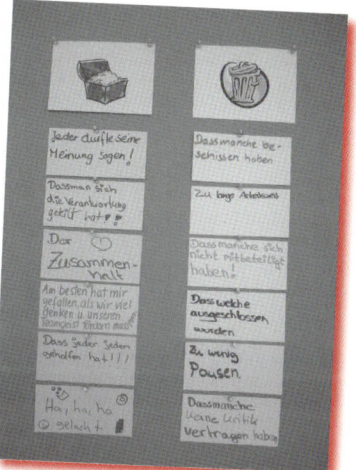

Gefühlskarten

Auf Karten stehen Adjektive und entsprechende Symbole, die eine
Gefühlslage ausdrücken. Die Schüler betrachten die Karten, suchen

sich eine Karte aus, die zu
ihrer Gefühlslage passt.
Die Teilnehmer erläutern
anschließend, warum sie diese
Karte ausgesucht haben und
ob sie etwas an ihrer Gefühlslage ändern möchten.

Ein Feedback, das mich lange beschäftigt hat:

„Warum schreiben wir bei Ihnen eigentlich immer nur Scheiß-Aufsätze?",
fragte mich ein Mädchen meiner 7. Klasse im Deutschunterricht.
Nachdem sie mir auf meine Nachfrage hin erklärte, was ihr an den
Aufsätzen, die wir bis dahin geschrieben hatten, nicht gefiel, konnten
wir einen Kompromiss finden.

Sie hatte in der 5. und 6. Klasse gern Aufsätze geschrieben, bei denen
ihre Kreativität gefordert war. In der 7. Klasse hatten wir mit Beschrei-
bungen, Berichten und Protokollen begonnen.

Es folgte eine Textproduktion zu einem Jugendbuch, die ihr erheblich
mehr Spaß machte. Dadurch, dass ich für das Thema sensibler geworden
war, konnte ich mich besser darauf einstellen.

Übrigens: Bei einem umfangreichen Projekt, das ich mit der Klasse
anschließend durchführte, übernahm sie freiwillig die Aufgabe, regel-
mäßig die Sitzungsprotokolle zu schreiben.

Mit Störungen und Konflikten umgehen

*„Unsere heutige Jugend liebt den Luxus,
sie hat schlechte Manieren, missachtet die Autorität
und hat keinen Respekt vor dem Alter.
Die heutigen Kinder sind Tyrannen.
Sie widersprechen ihren Eltern,
schlürfen beim Essen und tyrannisieren ihre Lehrer."*

Sokrates, gr. Philosoph, 470 – 399 v. Chr.

Störungen im Unterricht sind ein Problem, mit dem jeder Lehrer seine Erfahrungen hat. Man spricht von **internen Störungen**, wenn sie durch das Verhalten von einzelnen Schülern, von Gruppen oder sogar einer ganzen Klasse verursacht werden, von **externen Störungen**, wenn sie von außen in den Unterricht hineingetragen werden.

Für interne Störungen gibt es verschiedene Abstufungen. Sie reichen von leichten Beeinträchtigungen, bis hin zu gravierenden Vorfällen, die das Lernen und Arbeiten in einer Klasse nahezu unmöglich machen. Es beginnt damit, dass Schüler sich unterhalten, obwohl der Lehrer etwas sagen möchte, durcheinanderrufen, herumlaufen, zu spät kommen. Manche haben ihre Unterlagen vergessen und keine Hausaufgaben gemacht. Das kann sich steigern, indem sie die Mitarbeit verweigern, Mitschüler attackieren, ihnen etwas wegnehmen oder Sachen beschädigen. Es eskaliert, wenn sie sich weigern, den Anordnungen des Lehrers zu folgen oder sogar handgreiflich werden.

Auch externe Störungen können den Verlauf des Unterrichts beeinträchtigen, nur hat man darauf oft wenig Einfluss. Das können Bauarbeiten sein, Durchsagen der Schulleitung, Lärm vom Verkehr, hellhörige Klassenzimmer.

Störungen werden von Lehrern sehr unterschiedlich wahrgenommen. Was den einen stört, das kommentiert ein anderer mit einem Schmunzeln. Was den einen im Unterricht beeinträchtigt, nimmt ein anderer vielleicht nur am Rande wahr.

1. Störungen auf den Grund gehen

Wenn in einer Klasse gehäuft Störungen auftreten, tangiert das in besonderem Maße den Klassenlehrer, da er seine Schüler meist besser kennt als die anderen Lehrer und in der Regel auch mehr Kontakt zu den Eltern der Schüler hat. Er wird genauer wissen, was bei den einzelnen Schülern dahintersteckt, wenn sie den Unterricht immer wieder massiv stören oder sich gegenüber ihren Mitschülern unsozial verhalten. Deshalb kann er vielleicht eher Maßnahmen vorschlagen bzw. ergreifen, die zu einer Verhaltensänderung führen.

Es gibt **Ursachen für Störungen**, die in der Familie oder dem sozialen Umfeld des Schülers liegen. Das sind z.B. inkonsequente Erziehung, aktuelle Familienprobleme, mangelnde Zuwendung oder zu hoher Medienkonsum. Daran können wir als Lehrer in der Regel wenig oder nichts ändern. Die Ursachen können in der Person des Schülers liegen, z.B. in mangelndem Selbstwertgefühl. Es kann sich um Entwicklungsstörungen handeln, z.B. in der Pubertät. Es kommt zu Stimmungsschwankungen, zum Hinterfragen von Regeln und zur Ablehnung geforderter Leistungen. Auch können krankheitsbedingte Ursachen vorliegen.[20]

Doch nicht zuletzt sind Störungen auch durch die Schule bedingt, durch mangelnde Bewegungsmöglichkeiten, durch Konflikte in der Klasse, aber auch durch den Unterricht und das Verhalten des Lehrers, durch seine Unruhe, Unfreundlichkeit, unzureichende Vorbereitung, durch Unterricht, der wenig Abwechslung bietet, durch mangelnde Flexibilität, fehlende Transparenz und durch Maßnahmen, die von den Schülern als ungerecht empfunden werden. Häufige **Ziele von Störungen** sind das Verlangen nach Beachtung und Zuwendung, Ablenkung von eigenen Schwächen und das Streben nach Macht. Auch Rachegelüste können eine Rolle spielen.

---

[20] Winkel, Rainer: Der gestörte Unterricht. Kamps pädagogische Taschenbücher. Bochum 1996[6].

81

In jedem Fall ist es sinnvoll, mit den **Eltern** Kontakt aufzunehmen, wenn das möglich ist, um den Grund für das störende Verhalten herauszufinden und zu versuchen, mit ihnen gemeinsam Abhilfe zu schaffen.

Störungen sind Signale dafür, dass etwas nicht stimmt. Wenn es gelingt, das zu ergründen, gibt es Chancen für Veränderungen.

2. Störungen vorbeugen

Eine gute Beziehung des Lehrers zu seinen Schülern erleichtert den Umgang miteinander. Als Klassenlehrer habe ich einen so genannten **„Klassenlehrer-Bonus"**, also besonders gute Chancen, ein vertrauensvolles Verhältnis aufzubauen. Ich kann meine Schüler besser verstehen und ihnen eher gerecht werden, weil ich in der Regel die Hintergründe für ihr Verhalten kenne. Hilfreich ist eine gute Zusammenarbeit mit den Eltern.

Wenn es mir gelingt, eine gute Lernatmosphäre (s. Kap. 4) mit gegenseitiger Wertschätzung und guter Feedbackkultur zu schaffen, werden Störungen einen geringeren Stellenwert haben. Dazu tragen sicherlich auch Maßnahmen bei, die die Klassengemeinschaft stärken (s. Kap. 6).
Ein abwechslungsreicher Unterricht mit Differenzierung und einem rechtzeitigen Wechsel von Methoden und Sozialformen fordert die Schüler.
Der Satz von Xaver Fiederle, Professor für Gemeinschaftskunde an der PH Freiburg, den er bei einer Methoden-Fortbildung äußerte, ist mir noch gut im Gedächtnis geblieben: „Ich unterbreche, bevor ich unterbrochen werde."

 ### „Bewegte Schule"

Ein lehrerzentrierter Unterricht mit häufigen Unterrichtsgesprächen ist sehr anfällig für Störungen, weil viele Schüler sich dabei zu wenig einbringen können. Manche vertragen das lange Stillsitzen nicht, das wir ihnen häufig abverlangen, obwohl wir wissen, dass Bewegung für eine gesunde

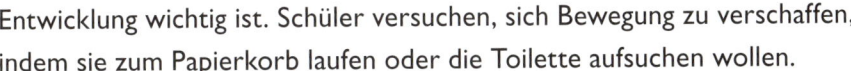
Entwicklung wichtig ist. Schüler versuchen, sich Bewegung zu verschaffen, indem sie zum Papierkorb laufen oder die Toilette aufsuchen wollen.

„Bewegung im Unterricht bringt u.a. belebenden Wechsel zwischen Anspannung und Entspannung, steigert die geistige Leistungsfähigkeit, kann Lernen erleichtern, fördert soziales Lernen, erweitert die Handlungskompetenz, …".[21] Die Sauerstoffversorgung des Gehirns wird verbessert und damit die Konzentrationsfähigkeit.

Im Folgenden möchte ich Beispiele aufzeigen, die dem **Bewegungsbedürfnis der Schüler** entgegenkommen.

Individuelle Bewegungsanlässe im Unterricht

▶ Schüler dürfen zum Papierkorb oder zur Toilette gehen, ohne zu fragen.

▶ Schülern, von denen ich weiß, dass sie Bewegung brauchen, übertrage ich entsprechende Aufgaben, z.B. Arbeitsblätter austeilen, im Sekretariat etwas abholen, einem Kollegen etwas ausrichten.

▶ Sitzhaltungen dürfen verändert werden, z.B. darf der Stuhl mit der Lehne nach vorn gestellt oder auf dem Stuhl gekniet werden.

In einer 7. Klasse hatte ich einen Schüler, der nicht lange stillsitzen konnte. Wenn ich merkte, dass er unruhig wurde, habe ich ihm den Auftrag gegeben, eine Runde um die Schule zu laufen. Ich konnte mich darauf verlassen, dass er diese Aufgabe auch so ausführte. Anschließend ging es ihm besser und er konnte wieder konzentrierter mitarbeiten.

---

[21] www.ass-hn.de/bewegte-schule/

„Bewegte" Methoden und Sozialformen

▶ Verschiedene Formen der Gruppenarbeit, auch mit wechselnden Gruppen, wie z.B. beim Gruppenpuzzle[22]

▶ Freiarbeit, Lerntheke und Stationenlernen

▶ Schülervorträge und Präsentationen

▶ Durchführung von Experimenten

▶ Gestaltung des Unterrichts durch Schüler (z.B. Lernen durch Lehren)

▶ Standbilder, Rollenspiele, Planspiele

▶ Multisensorische Angebote: Lernen mit allen Sinnen

▶ Verknüpfung von Inhalten mit Bewegung

▶ Projektorientiertes Arbeiten

Bewegungsspiele und -übungen

Sie sind vor allem für jüngere Schüler geeignet. Bei älteren Schülern muss man darauf achten, dass die Spiele diesem Alter angemessen sind, sonst werden sie nicht ernst genommen. Allerdings spielt nicht nur das Alter eine Rolle, sondern auch die Beziehung zu den Schülern und die Atmosphäre in der Klasse. Auch sollte man den Schülern den Sinn solcher Bewegungsspiele und -übungen verdeutlichen.

▶ „Wer hat schon mal …?"[23]

• Beispiele: Türkisch gegessen – eine Fünf geschrieben – Pizza gebacken – gelogen – … Die Stühle werden vor diesem Spiel etwas nach hinten geschoben, damit sie beim Aufstehen nicht umkippen. Dann muss der, auf den das Genannte zutrifft, kurz hochspringen und sich anschließend wieder hinsetzen.

▶ Geschichten erzählen, in denen zu bestimmten Signalen Bewegungen ausgeführt werden müssen.

• Beispiel Familiengeschichte: Jeder ist ein Teil der Familie, z.B. Vater, Emil oder ein Haustier. Es wird eine Geschichte zu dieser Familie erzählt.

▶▶▶

---

[22] Klein, Kerstin: So erklär' ich das! S. 52ff.
[23] Gilsdorf, Rüdiger/Kistner, Günter: Kooperative Abenteuerspiele. Band 2. S. 46.

▶▶▶ Immer, wenn die entsprechenden Personen oder Tiere vorkommen, müssen sie aufstehen und eine Runde um ihren Stuhl herumgehen. Wenn es heißt „die ganze Familie", müssen alle Familienmitglieder um ihren Stuhl herumgehen, für „alle Haustiere" gilt das Gleiche.

Jüngere Schüler denken sich gern solche Geschichten aus und dürfen sie dann selbst einmal vortragen.

▶ Koordinationsbewegungen mehrmals hintereinander ausführen und die Geschwindigkeit steigern:
- rechten Ellbogen zum rechten Knie,
  linken Ellbogen zum linken Knie;
- gleichzeitig den rechten Arm und das rechte Bein anheben, dann Fuß und Hand anwinkeln, das Gleiche mit dem linken Arm und Bein.

▶ Überkreuzbewegungen aus dem Brain Gym[24] im Sitzen oder Stehen; auch hier gilt, die Übungen mehrmals hintereinander ausführen und die Geschwindigkeit steigern:
- im Wechsel mit der rechten Hand auf die linke Schulter und mit der linken Hand auf die rechte Schulter schlagen
- Weitere Beispiele: mit der rechten Hand auf das linke Knie/den linken Fuß; dasselbe auch nacheinander: Schulter, Knie, Fuß.

▶ Bewegung zur Musik oder Singen

---

[24] Dennison, Paul/Dennison, Gail E.: Lehrerhandbuch Brain Gym. Freiburg 1991. S. 13.

3. Gegen Störungen vorgehen

„Störungen haben Vorrang" – das ist eine Grundmaxime meines Unterrichts. Die Gesprächsregeln der „Themenzentrierten Interaktion" von Ruth Cohn haben mich beeindruckt, als ich sie bei einer Fortbildung kennenlernte. Eine dieser Regeln ist für mich von besonderer Bedeutung: „Störungen haben Vorrang." Wenn jemand etwas als Störung wahrnimmt, kann man nicht einfach so tun, als gäbe es sie nicht.

Wenn Störungen nur von geringer Bedeutung sind, kann ein Blick von mir genügen. Sonst bedarf es u.U. einer kurzen Frage, ob z.B. das Gespräch zwischen zwei Schülern gerade wichtig ist oder verschoben werden kann. Manchmal zeigt sich, dass Unruhe entsteht, weil jemand etwas nicht verstanden hat. Eine **kurze Nachfrage** bzw. Klärung kann diese Störung leicht beseitigen.

Gespräche zwischen Schülern können manchmal allerdings so wichtig sein, dass sie nicht zu verschieben sind, z.B. wenn es zu Hause oder mit Freunden akute Probleme gibt. Dann sollten solche Gespräche möglich sein, aber außerhalb des Klassenzimmers. Der betroffene Schüler darf mit einem Freund für einige Minuten das Klassenzimmer verlassen. Vorgabe ist allerdings, dass die zugestandene Zeit eingehalten wird. Damit habe ich gute Erfahrungen gemacht. Die Möglichkeit ist seltener wahrgenommen worden, als man vielleicht denken würde.

Nicht alle Konflikte sind allerdings so einfach zu beseitigen. Immer wieder auftretende Konflikte können das Unterrichten schließlich unmöglich machen. Hier habe ich als Klassenlehrerin die besondere Aufgabe, sie in einem Klassengespräch zu thematisieren. Es geht darum, festzustellen, wer stört und welcher Art die Störung ist. Die Ursachen müssen herausgearbeitet und möglichst erst einmal pädagogische Maßnahmen ergriffen werden. Der Störer sollte dabei unterstützt werden, sodass er auf diese Art der Störung verzichten kann.

Gelbe Karten

Ich habe kleine bunte Karten mit Sprechblasen entwickelt, die ich Schülern ausgebe, wenn ich mit ihrem Verhalten gerade nicht einverstanden bin. Bevor ich sie einsetzen kann, müssen die Schüler sie kennen, sonst führt der Einsatz zu Unruhe. Einsetzbar sind sie nach meiner Erfahrung bis zur 8. Klasse. Dazu angeregt hat mich „Des Lehrers Wundertüte"[25].

Damit die Schüler nicht überfordert sind, habe ich bei manchen Karten eine bestimmte Zeit vorgegeben, in der sie sich beherrschen bzw. anders verhalten sollen als sonst. Ich habe mit den Kärtchen in der Regel gute Erfahrungen gemacht. Wenn es allerdings nicht so recht klappen wollte, bin ich manchmal auch einen Schritt weiter gegangen und habe einem Schüler eine vergrößerte Karte auf seinen Tisch geklebt.

Den Joker einsetzen

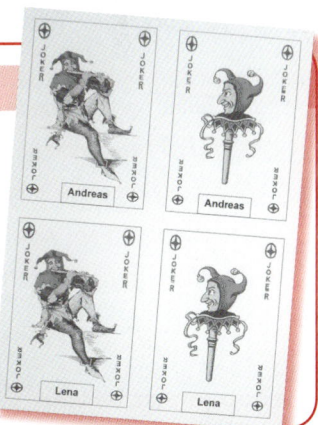

Jeder Schüler bekommt für das Schuljahr zwei Joker mit seinem Namen. Er kann einen Joker einsetzen, um eine Strafe zu vermeiden, wenn er etwas vergessen oder sich schlecht verhalten hat. Mancher Schüler hat lieber eine Strafe in Kauf genommen, als seinen Joker einzusetzen.

---

[25] Lloyd, Linda: Des Lehrers Wundertüte. Freiburg 1991.

Sonderrechte oder auch besondere Zuwendung?

Gerade ein Klassenlehrer, der seine Schüler gut kennt, kann auch einmal eher ungewöhnliche Maßnahmen ergreifen, um Störungen zu beheben.

> *Einer meiner Schüler saß, wenn ich das Klassenzimmer betrat, regel-*
> *mäßig auf der Heizung statt auf seinem Platz. Ich musste ihn also auf-*
> *fordern, seinen Platz aufzusuchen. Das hieß für mich, dass er diese*
> *besondere Aufmerksamkeit von mir einforderte. Ich habe ihn daraufhin*
> *gebeten, auch wirklich jedes Mal auf der Heizung zu sitzen, wenn ich*
> *komme, damit ich ihn besonders begrüßen kann.*
> *Diese „Störung" erledigte sich nach kurzer Zeit von selbst.*

Störungen können auch dadurch entstehen, dass Schüler ihre Hausaufgaben nicht machen, ihre Arbeitsmaterialien nicht dabei haben, ihre Unterlagen schlampig führen oder gar nicht abgeben.

Gute Erfahrungen habe ich mit **unkonventionellen Maßnahmen** gemacht: Ein Schüler, der immer wieder seine Hausaufgaben vergisst, bekommt als Geschenk ein Hausaufgabenheft.
Weitere Beispiele, die keine hohen Kosten verursachen und mit denen ich ähnlich verfahren bin: Textmarker, Geodreieck, Lineal, Schreibblock, Spitzer.

> *Ein Schüler hatte einen unordentlichen, unbeschrifteten Schnellhefter (in*
> *diesem Fall kein finanzielles Problem): Ich habe ihm einen neuen Schnell-*
> *hefter geschenkt und schön beschriftet. Es war ihm sehr peinlich und er*
> *wollte ihn bezahlen, was ich aber nicht angenommen, sondern ihn dafür*
> *in die Pflicht genommen habe.*

Vorbeugen ist besser

Für einen Schüler, der immer wieder den Unterricht durch unpassende Bemerkungen oder Gespräche mit dem Nachbarn stört, bereite ich das Unterrichtsmaterial immer so vor, dass er es schriftlich allein bearbeiten kann.

Es gibt zwei Möglichkeiten:

a) Ich warte ab, bis er stört, und schicke ihn dann zur Arbeit mit dem Material vor die Tür. Er darf wieder am Unterricht teilnehmen, wenn er mit der Bearbeitung fertig ist.

b) Ich gehe gleich auf ihn zu, gebe ihm das Material und zeige ihm, wo er es allein bearbeiten muss. Er darf am Unterricht erst wieder teilnehmen, wenn er fertig ist.

Ich hatte eine Klasse neu übernommen. Ein Schüler legte es immer wieder auf Provokationen an. Beim ersten Mal schickte ich ihn mit Materialien, die er allein bearbeiten musste, mitten in der Stunde hinaus.
In der folgenden Stunde nahm ich ihn mir gleich zu Beginn vor und gab ihm die vorbereiteten Unterlagen. Darauf meinte er, er habe doch noch gar nichts gemacht. Worauf ich ihm entgegnete, dass ich aber nach meiner bisherigen Erfahrung damit rechne und deshalb vorbeugen möchte.
Nach dieser Stunde, in der er erneut allein gearbeitet hatte, fragte er mich, ob er wieder am Unterricht teilnehmen dürfte. Es gab ab diesem Zeitpunkt keine Probleme mehr mit ihm.

 ## Schülersprechstunde

Wenn Schüler dennoch nicht in der Lage sind, ihr Verhalten zu korrigieren, können Schülersprechstunden weiterhelfen. Die Schüler, mit denen es Probleme gibt, bestelle ich für einen festgelegten Termin am Nachmittag für 15 Minuten zu einem Gespräch über ihr Verhalten.

Damit das Gespräch zu einem konkreten Ergebnis führt, habe ich ein Vertragsformular vorbereitet, das wir gemeinsam ausfüllen. Die Schüler müssen zuerst selbst überlegen, was an ihrem Verhalten auch positiv ist, damit sie sehen, dass sie nicht nur der negativen Kritik ausgesetzt sind.

Vertrag

P. X., Schüler der Kl. 7b

Ergebnis des Gesprächs mit der Klassenlehrerin

_____

am _____

An meinem Verhalten im Unterricht ist positiv: …

An meinem Verhalten wird kritisiert: …

Ich werde Folgendes beitragen, um mein Verhalten zu verbessern: …

Ich bin darüber informiert, dass ich mit Sonderaufgaben rechnen
muss, wenn sich mein Verhalten bis _____
nicht bessert.

Datum, Unterschrift

Die Gespräche sind den meisten Schülern eher peinlich, sodass sie an sich
schon einen positiven Effekt haben, also bewirken, dass Schüler sich einer
solchen Situation lieber nicht wieder aussetzen.

_Ich habe in einem Extremfall zehn Schüler meiner 7. Klasse nachmittags
in die Sprechstunde bestellt. Alle 15 Minuten hatte ich einen Schüler vor
mir sitzen, mit dem ich einen Vertrag ausgehandelt habe, der dann von
ihm unterschrieben, von mir kopiert und ihm dann in Kopie ausgehändigt
wurde._

Elterngespräche

Auch wenn ich bei kleineren Störungen zuerst versuche, sie durch den direkten Kontakt mit den Schülern zu beseitigen, nehme ich bei gröberen Verfehlungen Kontakt zu den Eltern auf. Sie haben einen Anspruch darauf, zu erfahren, wie sich ihr Kind in der Schule verhält. Auch benötige ich in manchen Fällen Hintergrundinformationen, z.B. bei ADS (Aufmerksamkeits-Defizit-Syndrom) und anderen wesentlichen Problemen. Durch eine vertrauensvolle Zusammenarbeit können manchmal sogar schwierige Fälle bewältigt werden. Allerdings kann auch die Hilfe einer Erziehungsberatungsstelle erforderlich sein.

Wenn Eltern ihren Pflichten gegenüber ihrem Kind nicht nachkommen oder gar Gewalt anwenden, muss das Jugendamt eingeschaltet werden.

 ## Erziehungs- und Ordnungsmaßnahmen

Wenn ich mit pädagogischen Maßnahmen eine Verhaltensstörung nicht beseitigen kann, muss ich Erziehungs- und Ordnungsmaßnahmen ins Auge fassen. Denn ich habe nicht nur die Verantwortung für einen einzelnen Schüler, sondern auch für eine ganze Klasse.

Diese Maßnahmen muss ich konsequent durchführen, darüber muss ich mir im Klaren sein. (Weitere Vorschläge s. Kap. I „Klassenkonferenzen")

4. Mobbing

Mobbing gibt es nahezu in jeder Schulklasse. Viele Lehrer wissen zwar, was man unter Mobbing versteht, nehmen dieses Phänomen aber oft nicht wahr oder wissen nicht so recht, wie sie damit umgehen sollen. Deshalb möchte ich versuchen, auf die folgenden Fragen eine Antwort zu geben.

Wann spricht man von Mobbing?

Das Opfer ist eine als unterlegen empfundene Person. Die Attacken erfolgen durch mehrere Personen mindestens einmal pro Woche und dauern mindestens über ein paar Monate lang an. Das Ziel ist die Ausgrenzung des Opfers.

Was passiert speziell bei „kidsmobbing"?

▶ Abpassen auf dem Schulweg

▶ Ausgrenzen aus der Klassengemeinschaft

▶ Zurückhalten wichtiger Informationen

▶ Verstecken, Beschädigen oder Zerstören von Schulmaterial, Kleidung oder anderen Dingen

▶ Knuffen und Schlagen auf dem Pausenhof und in den Schulgängen

▶ Auslachen, verletzende Bemerkungen, Unfreundlichkeit

▶ Unfaires Beschuldigen, Verbreiten von Gerüchten

▶ Erpressen mit Androhung von Gewalt

▶ Sexuelles Belästigen

Wen trifft es?

Grundsätzlich kann jeder Mobbing-Opfer werden. Meist trifft es jedoch eher Kinder, die aus einem besonders behüteten Elternhaus stammen, eher schüchtern sind, physische oder motorische Auffälligkeiten zeigen.

Welche Folgen hat das Mobbing für die Opfer?

Die psychische Belastung für die Opfer ist enorm hoch. Sie leiden unter Magen- und Kopfschmerzen, Schlafstörungen und Alpträumen. Sie können sich schlecht konzentrieren, zeigen schlechtere Leistungen und sind müde. Nach Unterrichtsende bleiben sie möglichst im Klassenzimmer, sie kommen häufig zu spät und fehlen immer öfter. Sie suchen die Schuld meist bei sich, isolieren sich und müssen erleben, dass keiner ihnen hilft. Oder sie versuchen, sich auffällig der Gruppe anzupassen. In den allerschlimmsten Fällen kann es sogar zum Selbstmordversuch kommen.

Wer sind die Täter und welche Folgen hat das Mobbing für sie?

Die Täter sind in der Regel Schüler aus der Klasse des Opfers. Sie zeigen meist aggressive Verhaltensweisen und haben gelernt, ihre Ziele mit aggressiven Strategien zu erreichen. Sie erkennen potenzielle Opfer, die auf Aggression wehrlos reagieren. Die Schuld liegt ihrer Meinung nach beim Opfer, dem sie provokantes Verhalten vorwerfen. Meist stammen die Täter aus Familien mit autoritärem Erziehungsstil und übermäßiger Kontrolle.

Wenn sie in ihrer Rolle als Täter Erfolg haben, führt das zu einer Verstärkung ihres Aggressionsverhaltens bis hin zu einer erhöhten Gefahr für Straffälligkeit.[26]

Was kann man gegen Mobbing tun?

Viel gelernt habe ich durch die Unterlagen von Horst Kasper und den Abschlussbericht vom Mobbing-Telefon-Projekt, einer Aktion, die in Baden-Württemberg vom Oktober 1999 bis November 2000 durchgeführt wurde, um Anhaltspunkte über das tatsächliche Ausmaß von Schüler-Mobbing zu gewinnen. Sehr zu empfehlen ist, wegen der vielen praktischen Tipps, auch das folgende Buch:

Mir ist klar geworden, wie vorsichtig man sich diesem Problem nähern muss:

> Kindler, Wolfgang:
> **Man muss kein Held sein – aber …!**
> Verhaltenstipps für Lehrer in Konfliktsituationen und bei Mobbing.
> Mülheim an der Ruhr 2006.

- ▶ Das Eingreifen von Erwachsenen, vor allem von Lehrern und Eltern, kann das Problem verschlimmern, wenn nicht alle konsequent an einem Strang ziehen.
- ▶ Das Opfer muss wissen, dass ich auf seiner Seite stehe.
- ▶ Ich muss wissen, dass auch der Täter ein Problem hat. Hier muss ich ebenfalls ansetzen und ihn durch Stärkung seiner Persönlichkeit so weit bringen, dass er es nicht mehr nötig hat, seine Komplexe an anderen auszulassen.

---

[26] Kasper, Horst: Schülermobbing – tun wir was dagegen! Lichtenau 2002.
Ders./Lindemeier, Bernd: Wer mobbt, braucht Gewalt. Weinheim und Basel 2004.

Ein erster Schritt ist die Information aller in der Klasse unterrichtenden Lehrer und die Verständigung auf ein gemeinsames Vorgehen: Das dulden wir nicht! Den Mobbing-Opfern muss Unterstützung signalisiert werden; man muss ihnen Mut machen. Das Schlimmste, was passieren kann, ist, dass ein Lehrer sich auf die Seite der Täter stellt.

Eine weitere Möglichkeit ist, dem Täter und dem Opfer Konfliktpartner zuzuordnen. Beide müssen Schüler des Vertrauens für die beiden sein. Der Partner des Täters hat die Aufgabe, den Täter zu mäßigen, der Partner des Opfers, der von der Klasse anerkannt sein muss,

www.kindernetz.de

hat die Aufgabe, ihn zu ermutigen. Gespräche mit Kleingruppen, mit der Klasse, mit den Einzelnen sollen dazu dienen, die positiven Kräfte in der Klasse zu stärken. Von jeglicher Schuldzuweisung sollte dabei Abstand genommen werden.

Wie kann man im Schulalltag Mobbing vorbeugen?

▶ Eine Atmosphäre des Vertrauens und der gegenseitigen Akzeptanz schaffen,

▶ sich Schülern gegenüber fair verhalten,

▶ die individuelle Lernfähigkeit fördern,

▶ den Unterricht abwechslungsreich gestalten,

▶ die Klassengemeinschaft fördern,

▶ Teamarbeit mit interessanten gemeinsamen Aufgaben ermöglichen,

▶ mit den anderen Lehrern und den Eltern eng zusammenarbeiten.

Ich habe in einigen Klassen Fälle von Mobbing unter den Schülern erlebt und versucht, dagegen anzugehen. Es ist mir trotz all meiner Kenntnisse, Bemühungen und Erfahrungen nicht in allen Fällen gelungen, das Mobbing zu beenden. Das verdeutlicht das Ausmaß des Problems.

Klassen-
gemeinschaft
fördern

„Wenn du ein Schiff bauen willst,
so trommle nicht Männer zusammen,
um Holz zu beschaffen, Werkzeuge vorzubereiten,
Aufgaben zu vergeben und die Arbeit einzuteilen,
sondern lehre sie die Sehnsucht
nach dem weiten endlosen Meer."

Antoine de Saint-Exupéry

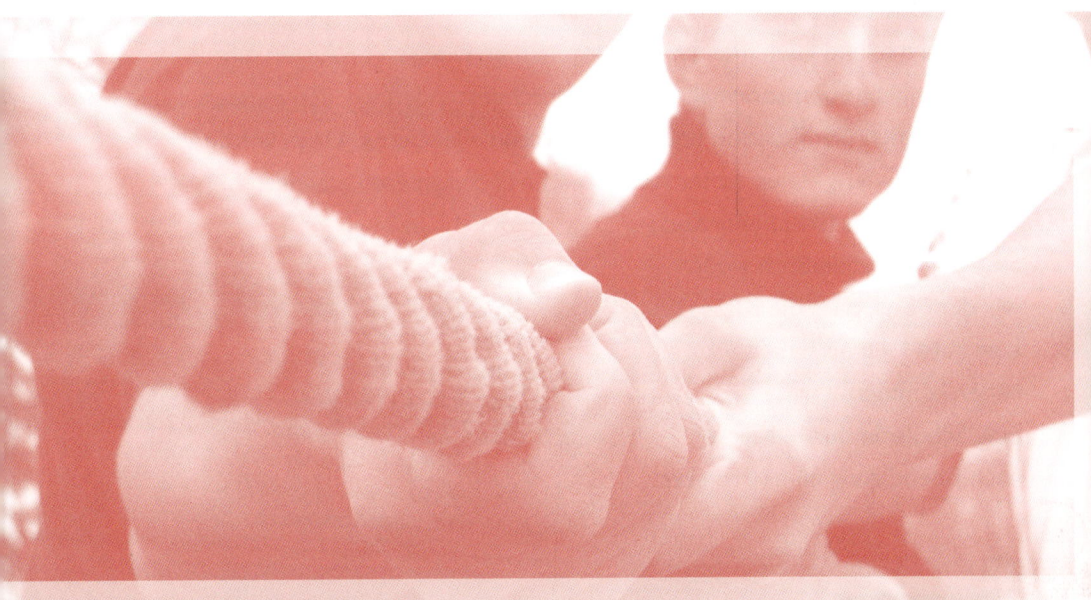

Die Entwicklung einer Klasse zu einer guten Gemeinschaft wird besonders durch Vorhaben und Veranstaltungen gefördert, die über den „normalen" Unterricht hinausgehen und den Schülern ermöglichen, sich einzubringen und soziale Kompetenzen zu entwickeln. Dazu gehören Wandertage, Ausflüge und Aufenthalte in Schullandheimen. Es gibt also vielfältige Möglichkeiten, die dazu beitragen, dass sich mit der Zeit ein **Wir-Gefühl** entwickelt. Auch Teamtrainings mit der Klasse können diese Entwicklung positiv beeinflussen.

Durch das Einwirken von außen kann dieser Prozess gefördert, aber auch behindert oder sogar gestört werden. Es gibt Einflüsse, gegen die ich als Klassenlehrer zunächst machtlos bin, obwohl ich mich um eine positive Entwicklung der Klasse bemühe.

Dabei muss ich mir stets vor Augen halten, dass eine Klasse in ihrer Gesamtheit wie auch die einzelnen Untergruppierungen die verschiedenen **Phasen der Gruppenbildung** (s. Kap. 1) mehrmals durchlaufen. Denn was ich manchmal als Rückschläge empfinde, sind eigentlich die üblichen Gruppenprozesse, d.h. es gibt immer wieder Phasen, in denen Konflikte zu bewältigen sind.

> ⤵ *„Im Großen und Ganzen war das Klima dieses Schuljahres heiter bis wolkig, ab und zu gab es auch ein paar Regenwolken und je nach Stimmung auch mal Regenschauer mit Blitz und Donner vermischt. Es gab viele Streitereien, sodass sich die Klasse in kleine Gruppen aufteilte." Schülerin, Kl. 9*

Ich muss mir und auch meinen Schülern immer wieder vor Augen führen, dass Konflikte eben „normal" sind und durchgestanden werden müssen, und mit ihnen die Situation und ihr Verhalten reflektieren. Dann werden wir bei Schwierigkeiten sicher nicht so schnell resignieren, sondern bereit sein, weiter am Gruppenprozess zu arbeiten: Schließlich wollen wir dem Ziel, dass die Klasse eine gute Gemeinschaft wird, näher kommen.

Eine Schülerin der 8. Klasse nach Beendigung eines Projekts:

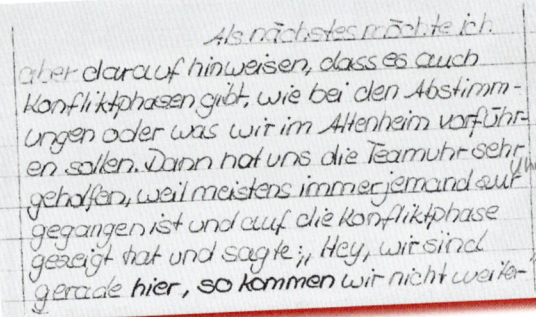

Als nächstes möchte ich aber darauf hinweisen, dass es auch Konfliktphasen gibt, wie bei den Abstimmungen oder was wir im Altenheim vorführen sollen. Dann hat uns die Teamuhr sehr geholfen, weil meistens immer jemand aufgegangen ist und auf die Konfliktphase gezeigt hat und sagte „Hey, wir sind gerade hier, so kommen wir nicht weiter."

1. Klassenfahrten: Planung und Finanzierung

Gemeinsame Unternehmungen und Veranstaltungen sind die beste Gelegenheit, sich gegenseitig kennenzulernen und Kontakt aufzunehmen. Wandertage, Ausflüge und Klassenfahrten prägen die Gemeinschaft in besonderem Maße. Man ist einen oder sogar mehrere Tage zusammen, unternimmt gemeinsam etwas und hat Zeit, miteinander zu reden, zu spielen, zu arbeiten, zu feiern, zu singen und vieles mehr. Die Erfahrungen, die vor allem bei mehrtägigen Veranstaltungen gemacht werden, wirken über die Schulzeit hinaus. Nicht nur **soziale Kompetenzen** werden gefördert, sondern auch die Entwicklung und Stärkung der eigenen Persönlichkeit.

Es gibt zahlreiche Möglichkeiten für Unternehmungen, die gemeinsam vorbereitet werden können. Vielleicht gelingt es mir auch, die Klasse für ein Vorhaben zu begeistern, das mir selbst bedeutsam erscheint. Die

> *Lanig, Jonas:*
> **Wandertage und Klassenfahrten ohne Stress!** *50 Ideen und Projekte für sinnvolle Ausflüge und Exkursionen. Mülheim an der Ruhr 2005.*

weitere Planung kann ich auch in die Hände der Schüler geben. Das ist eine gute Voraussetzung dafür, dass verschiedene Interessen zum Tragen kommen und sich möglichst alle mit der Unternehmung identifizieren können.

Alle sollen dabei sein!

Manche Schüler haben Nachholbedarf im sozialen Miteinander. Es fällt ihnen nicht leicht, sich eine Woche lang auf andere einzustellen und ein Zimmer mit ihnen zu teilen. Viele Schüler sind das von zu Hause nicht gewohnt. Oft können sie zu Hause sogar kommen und gehen, wann es ihnen passt, und sind kaum an Regeln gewöhnt. Nun sollen sie sich einfügen und auch noch bestimmte Ruhezeiten einhalten. Diese Einschränkungen machen einigen Schülern zu schaffen.

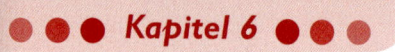
Ich hatte in den letzten Jahren zunehmend Schüler, die sich ein Einzelzimmer gewünscht haben!

Damit sie wichtige Erfahrungen im sozialen Miteinander machen, möchte ich es allen ermöglichen, an solchen Fahrten teilzunehmen.

Das schönste jedoch war, als die ganze Klasse sich bei den Händen faßte, im Kreis lief und zum Lied „I swear" mitsang. Da die Party so gut lief, durften wir länger tanzen als geplant.

An den Finanzen darf es nicht scheitern!

Um die Eltern finanziell nicht zu überfordern, lasse ich mir beim Elternabend anonym Rückmeldung geben, was sie maximal auslegen können. Ich lege großen Wert darauf, dass sich die Kosten in den entsprechenden Grenzen halten. Was in der Regel eine Erleichterung für manche Eltern bedeutet und häufig wahrgenommen wird, ist die Möglichkeit zur Ratenzahlung. Wenn ich möglichst früh schon plane und das Konto rechtzeitig eröffnet wird, können die Eltern bereits kleinere Beträge überweisen. Die Höhe dieser Beträge kann man den Eltern überlassen. Die überwiesenen Beträge müssen notiert werden, damit man den Überblick über den Stand der Einzahlungen behält.

Bei **Sozialhilfefällen** werden die gesamten Kosten von den Sozialämtern übernommen. Häufiger bin ich mit Fällen konfrontiert, in denen es finanzielle Engpässe gibt, weil in der Familie mehrere Belastungen gleichzeitig auftreten. Die Tochter hat z.B. Konfirmation und der zweite Sohn soll gerade auch ins Schullandheim. Auch hier gibt es Unterstützungsmöglichkeiten, die ich im Folgenden darstellen möchte. Zum einen versuche ich die Kosten möglichst niedrig zu halten. Zum anderen können die Schüler mit verschiedenen Aktionen Geld für ihre Fahrten verdienen. Sie können z.B. die Innenräume von Autos reinigen, beim Weihnachtsmarkt Gläser

spülen, Kinderpunsch, Plätzchen und
Glühwein verkaufen, einen Flohmarkt-
stand betreiben, selbst hergestellte Produkte verkaufen oder Kuchen und „**L**eber-
käs**w**eckle" (LKWs) im Pausenverkauf
anbieten. Viele derartige Aktionen werden
von den Eltern unterstützt.

So können sich die Schüler durch ihr Engagement einen Teil der Kosten
erwirtschaften. Ein Zusatzeffekt ist, dass sie dabei feststellen, dass es gar
nicht immer so einfach ist, Geld zu verdienen.

Weitere Möglichkeiten, wenn die Eltern wirklich finanzielle Probleme haben:

- ▶ Zuschuss z.B. vom Förder-
  verein der Schule oder aus
  anderen Mitteln.
- ▶ Bei den Kosten für die Bus-
  oder Zugfahrt wird der
  bedürftige Schüler nicht mit-
  gerechnet und die Kosten
  werden auf die anderen um-
  gelegt (Wichtig: Absprache
  im Vorfeld mit dem Elternvertreter).

- ▶ Der Lehrer teilt seinen
  Freiplatz mit dem Schüler
  oder gibt ihn ganz ab.
- ▶ Aus dem von der Klasse gemeinsam verdienten Geld
  gibt es einen Zuschuss.
- ▶ Der Schüler verdient sich
  etwas dazu, indem er z.B.
  Werbeblätter austrägt.

Wenn die Kosten so hoch sind, dass die betroffenen Eltern sie nicht
komplett tragen können, kann ich erst einmal klären, welche Summe sie
maximal aufbringen können. Meist sind die Eltern in der Lage, die Hälfte
der Kosten zu übernehmen, den anderen Teil kann man dann auf die
oben beschriebene Weise finanzieren.

Allerdings muss ich einkalkulieren, dass die Eltern, die wirklich finanzielle Probleme haben, sich oft nicht „outen", sondern ihr Kind aus anderen, vorgeschobenen Gründen zu Hause halten (manchmal so kurzfristig, das man nichts mehr machen kann).

Wichtig ist deshalb eins: Ich muss meine Schüler und ihre Eltern möglichst gut kennen, um die Situation richtig einschätzen zu können.

Folgende Vorgehensweise hat sich bei Studienfahrten bewährt, muss allerdings mit der Klasse vorher abgesprochen werden: Von den Geldern, die gemeinsam erwirtschaftet wurden, wird ein Teil für zusätzliche Angebote, deren Teilnahme freiwillig ist, verwendet. So kommen die, die bestimmte Bildungsangebote nutzen, in den Genuss des gemeinsam verdienten Geldes und müssen sie nicht selbst finanzieren.

Bei der Berechnung der **Kosten für die Klassenfahrt** sollten wirklich alle anfallenden Kosten für die gemeinsamen Aktionen erfasst sein, damit die Schüler nicht zusätzlich von ihrem Taschengeld z.B. Eintrittsgeld für einen Zoobesuch bezahlen müssen. Für alle Beteiligten ist es außerdem unerfreulich, wenn nachträglich noch einmal Geld eingefordert werden muss, weil der Betrag nicht gereicht hat. Man sollte deshalb im Vorfeld eine Reserve einplanen. Das Geld, das übrig bleibt, kann man nach Rücksprache mit den Eltern für weitere Unternehmungen auf dem Klassenkonto lassen oder für kleine Geschenke als Anerkennung für besondere Leistungen investieren (s. „Kistchen", S. 68).

Ich finde es sehr wichtig, dass kein Kind bzw. kein Jugendlicher zu Hause bleiben muss!

 ## Taschengeld

Für viele Schüler und Eltern ist die Höhe des Taschengeldes ein wichtiges Thema bei solchen Unternehmungen. Ich halte es für sinnvoll, einen Richtwert mit den Eltern zu vereinbaren. Leider wird er in der Praxis oft unterlaufen: Verwandte stecken dem Kind noch etwas zu oder sogar die Eltern überschreiten den Betrag. Als Klassenlehrer hat man dann kaum Möglichkeiten einzugreifen, kann das Problem beim nächsten Elternabend allerdings noch einmal aus seiner Sicht darstellen.

Bei jüngeren Schülern kann es sich anbieten, dass man eine Art Bank installiert, bei der zu Beginn das Geld von den Schülern eingezahlt und dann in Teilbeträgen abgehoben werden kann. Allerdings ist es in den meisten Fällen heute möglich, den Schülern die Verwaltung ihres Geldes zu überlassen. Viele Kinder sind heute gewöhnt, selbstständig und verantwortungsvoll mit ihrem Geld umzugehen.

2. Von Jugendherberge zu Jugendherberge

Es gibt viele Anbieter für Klassenfahrten, bei denen bereits alles im Festpreis inbegriffen und vorgeplant ist. Das spart viel Arbeit und Zeit, was auch mir manchmal gelegen kam. Darunter gibt es viele gute Angebote.

Manchmal hat es allerdings auch seinen Reiz, zuerst mit der Klasse Ideen für eine Tour zu entwickeln: Eine schriftliche Umfrage ist eine gute Grundlage, dass jeder seine Interessen frei formulieren (wie der nebenstehende Fragebogen zeigt) und die Klasse die Ergebnisse gemeinsam auswerten kann. Aus verschiedenen Angeboten können vielleicht einzelne Bausteine übernommen werden, sodass gemeinsam mit der Klasse eine **individuelle Tour** zusammengestellt wird.

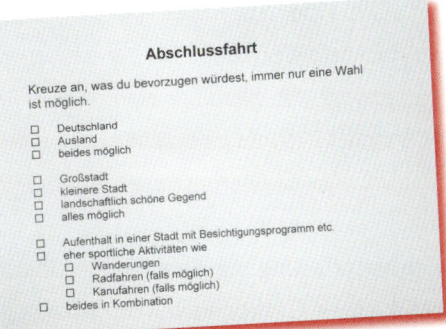

101

Im Folgenden möchte ich ein paar Beispiele für solche Klassenfahrten vorstellen, die eine besondere Herausforderung sind, keine hohen Kosten verursachen und viel Zeit für die Entwicklung der Klassengemeinschaft und für gegenseitige Hilfe und Unterstützung lassen. Es sind Unternehmungen, für die man nicht jede Klasse gleich begeistern kann, weil sie mit Anstrengung verbunden sind. Wenn man allerdings selbst mit Überzeugung dahintersteht, kann es gelingen, dass sich eine Klasse damit anfreundet. Der Stolz über die dann vollbrachte Leistung wird sich mit Sicherheit positiv auswirken.

Mehrtägige Wanderungen von JH zu JH

Es ist eine große Herausforderung für eine Klasse, wenn jeder alles, was er benötigt, im Rucksack mit sich trägt. Es sollte möglichst keiner schlappmachen, denn wenn man jeden Tag eine Etappe weiter wandert, ist ein Umkehren nicht möglich. Alle müssen das Ziel erreichen, es sei denn, jemand hat gesundheitliche Probleme und muss abgeholt werden.

Mit Unterstützung der Eltern sollte ein **Abholdienst** organisiert werden. Für jeden Tag steht möglichst jemand zur Verfügung, der bei Notfällen einspringen und Schüler nach Hause holen kann.

Rückholdienste habe ich bei meinen vielen Unternehmungen ganz selten benötigt. Als allerdings einmal an einem Tag keine Eltern zur Verfügung standen, konnte glücklicherweise eine Kollegin einspringen und drei Jungen, die sich überanstrengt hatten, nach Hause bringen.

Die Verpflegung tagsüber kann selbst organisiert werden, auf mitgebrachten kleinen Gaskochern kann man sogar eine warme Suppe kochen. Ohne **gegenseitige Hilfe** geht es bei solchen Unternehmungen nicht. Wenn jemand Blasen bekommt, der Trageriemen vom Rucksack reißt, jemand sehr erschöpft ist, können andere das Gepäck übernehmen und sogar psychischen Beistand leisten.

Soziales Verhalten ist von allen in hohem Maße gefordert, nicht nur von den Stärkeren, die andere unterstützen können, sondern auch von den Schwächeren, sich nicht zu sehr gehen zu lassen und die anderen nicht

unnötig zu belasten. Manchmal gibt es sogar Schüler in der Klasse, die mit ihrer

positiven Grundeinstellung für die Moral der Gruppe sorgen und sich der Problemkinder annehmen, sich manchmal sogar als „Packesel" einsetzen und Gepäck von anderen mittragen.

Zu empfehlen ist, vorher einmal eine **Tageswanderung als Test** mit den Schülern durchzuführen. Die Rucksäcke und vor allem die Schuhe müssen ausprobiert werden. Wenn es nicht ins Hochgebirge geht, reichen in der Regel auch gut sitzende Turnschuhe. Allerdings sollte, je nach Schuhmaterial, ein Reservepaar leichter Schuhe mitgenommen werden.

Da es auch bei Rucksäcken viele Billigangebote in mangelhafter Qualität gibt, sollte man ein Reparatur-Set mitnehmen: Gurtbänder, Gewebeband, Sicherheitsnadeln, Polsterung für drückende Tragriemen (z.B. Schaumstoffstreifen).

Informationen zur Route und den Jugendherbergen einschließlich der wichtigen Telefonnummern sollte jeder Schüler schriftlich bei sich haben. Das Handy ist in diesem Fall ein wichtiges Kommunikationsmedium. Manches Problem, was ich früher bei solchen Touren hatte, kann heute sehr viel leichter gelöst werden, z.B. wenn ein Teil der Gruppe sich verlaufen hat, was immer wieder mal vorkommen kann.

103

Ausgerüstet sein muss jeder für kältere wie für wärmere Tage. Regenfeste Kleidung und Wäsche zum Wechseln sind unerlässlich.Es hat sich bewährt, eine **Liste** zusammenzustellen mit allem, was für eine solche Tour notwendig ist. Schließlich darf es auch nicht zu viel sein, weil der Rucksack sonst zu schwer wird.

Auch für mehrtägige Wanderungen gibt es fertige Angebote, sogar mit Gepäcktransport. Die Entscheidung sollte man sich gut überlegen und sich fragen: Wie fit sind meine Schüler? Was kann ich ihnen zumuten?
Von Vorteil ist bei solchen Touren selbstverständlich, wenn man selbst eine gute Kondition hat. Auch werde ich Strecken, die ich noch nicht kenne, vorher an den Wochenenden ablaufen oder mit dem Fahrrad abfahren.

Wenn ich mit Freunden unterwegs bin und nach ca. 15 Minuten keine Wegemarkierung mehr vorfinde, gehe ich zurück bis zur letzten Markierung und mache mich auf die Suche nach der richtigen Abzweigung. Es kann passieren, dass auch auf einer sonst gut beschilderten Hauptwanderroute eine Abzweigung nicht ausreichend markiert ist und ich mich verlaufe. Das darf mir mit einer Schulklasse unterwegs nicht passieren.

**Zwei Beispiele für geeignete Wanderungen
in Süddeutschland mit 9. Klassen:**

▶ Von Wildbad im Schwarzwald über Bad Herrenalb (JH Gaistal), JH Forbach, JH Herrenwies, JH Sohlberg nach Oberkirch: ca. 85 km in 4 ½ Tagen

▶ Von Bad Wimpfen über JH Mosbach, JH Eberbach und JH Dilsberg nach Heidelberg: ca. 80 km in 4 Tagen

Bei beiden Wanderungen übernachtet man in Jugendherbergen, die man in der vorgesehenen Reihenfolge vorher buchen muss. Manchmal werden entsprechende Pakete angeboten, sodass man nicht bei jeder JH einzeln anfragen und jedes Mal die Gebühr für Bettwäsche zahlen muss. Als Verpflegung für den Tag bekommt man Lunchpakete mit. Abends gibt es dann warmes Essen.

Skizze eines Schülers ▶▶▶

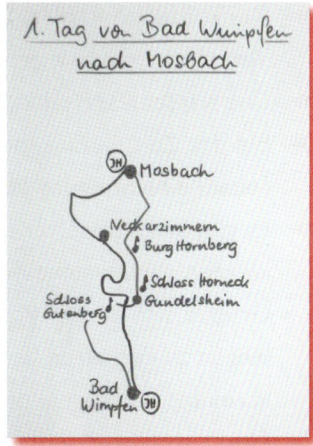

Mehrtägige Radtouren von JH zu JH

Es ist ein ganz besonderes Erlebnis, wenn man sich zu einer gemeinsamen Fahrradtour entschließt. Auf diese Weise kann man größere Strecken bewältigen und den Schülern erscheint eine Radtour häufig attraktiver als eine Fußwanderung.

Allerdings muss man damit rechnen, dass die meisten nicht gewöhnt sind, mehrere Tage hintereinander im Sattel zu sitzen, und diese Belastung eher unterschätzen.

Manche schieben ihr Rad schon bei einem leichten Anstieg und dann zieht sich eine solche Tour erheblich in die Länge.

◁ *„Vor Creglingen zur Juhe mussten absolut alle schieben. Die „Schiebertruppe" wurde das erste Mal von den „Spitzenathleten" bewundert, weil die „Schieber" im Schieben eine bessere Kondition als die Spitzenfahrer aufwiesen."*
Schülerin, Kl. 9

Bevor ich mich mit einer leistungsmäßig meist äußerst heterogenen Klasse auf eine solche Tour begebe, sind intensive **Vorbereitungen und Vorkehrungen** erforderlich, mit denen ich mich als Lehrer absichern sollte:

105

▶ Die Polizei kontrolliert die Fahrräder, ob sie den Anforderungen an die Verkehrssicherheit genügen, und gibt den Schülern Verkehrsunterricht.

▶ Das Kartenlesen wird trainiert.

▶ Bei der Zeitplanung muss ich einrechnen, dass manche Schüler, sobald eine Steigung kommt, ihr Rad schieben.

▶ Es gibt klare Regelvereinbarungen, wer vorn fährt und nicht überholt werden darf, welche Treffpunkte verbindlich sind, wenn ein Teil der Gruppe sich verfahren hat, und wie man sich an Straßen und auf Radwegen zu verhalten hat. Eine Probefahrt wird durchgeführt, um die vereinbarten Regeln praktisch anwenden zu können.

▶ Eltern stehen an jedem Tag bereit, Schüler abzuholen, die gesundheitliche Schwierigkeiten oder technische Probleme mit dem Fahrrad haben.

▶ Mindestens drei Begleitpersonen sind bei einer Klasse von 30 Schülern dabei, von denen einer vorne fährt, einer in der Mitte und einer hinten. Davon kann einer auch einmal mit den leistungsstärkeren Schülern einen Abstecher machen, damit sie sich auch verausgaben können und nicht immer nur auf die anderen warten müssen.

▶ Es gibt ein Reparatur-Team, das mit den entsprechenden Kenntnissen und Materialien ausgerüstet ist.

▶ Es werden Gruppen von fünf bis sechs Schülern eingeteilt (evtl. nach Leistungsfähigkeit), die füreinander verantwortlich sind, das entsprechende Kartenmaterial mit den vereinbarten Treffpunkten sowie notwendige Handy- oder Telefonnummern bei sich haben.

▶ Die „Teamchefs" machen an den Treffpunkten Meldung, ob alles in Ordnung ist.

▶ Abends findet eine Besprechung statt mit einem Rückblick auf den Tag, Lob für besondere Leistungen von Einzelnen und für die Gemeinschaft und dem Ausblick auf den kommenden Tag.

Kritisch ist das Fahren auf Radwegen: Die Vorsicht lässt nach, man fährt nebeneinander, unterhält sich und achtet zu wenig auf Gegenverkehr. Ich habe manchmal erlebt, dass entgegenkommende Radfahrer nur noch auf die Wiese ausweichen konnten.

Beispiel für eine Radtour in Süddeutschland:

Von Ludwigsburg kann man mit Schülern ab der 9. Klasse über Heilbronn, Walldürn, Wertheim am Main, Tauberbischofsheim, Creglingen und Rothenburg an der Tauber in fünf Tagen bis zur Bahnstation Dombühl fahren. Die Strecke umfasst ca. 280 km. Der zweite Tag ist der anstrengendste, denn diese Etappe ist mit 75 km die längste und geht quer

durch den Odenwald. Für die Rückreise gibt man in Dombühl am Bahnhof die Fahrräder auf und fährt mit dem Zug zurück nach Ludwigsburg.

Die Strecke ist sehr abwechslungsreich, vom Neckar geht es in den Odenwald, dann an Main und Tauber entlang durch Städtchen auf dem Radweg „Liebliches Taubertal".

3. Schullandheimaufenthalt

Es gibt viele schöne Unterkünfte, die für Schullandheimaufenthalte geeignet sind. Manche unterstehen dem Landkreis, kirchlichen Gruppierungen, sind Jugendherbergen oder Häuser von anderen Trägern.

Das Programm kann gemeinsam erstellt werden, indem die Schüler sich über Angebote informieren. Das ist im Zeitalter des Internets kein Problem mehr. Auch kann ich als Lehrer meine Vorstellungen und Kenntnisse einbringen. Aus der Vielfalt der Angebote werden die herausgesucht, die interessant erscheinen. Für das Tagesprogramm werden sogar Alternativen herausgesucht, d.h. ein Teil der Klasse geht z.B. auf Krabbenfahrt, die anderen bereiten in der Zeit einen Sportwettbewerb vor. Gemeinsam werden die Programmpunkte auf die verschiedenen Tage verteilt, wobei zu beachten ist, dass manche Angebote nur an bestimmten Tagen möglich sind.

Besonders reizvoll ist ein solcher Aufenthalt in einer eher ungewohnten landschaftlichen Umgebung.

◖◗ *„Ebbe und Flut faszinierte viele, vor allem die, die es zum ersten Male sahen."*
   Schüler, Kl. 7

Schullandheimaufenthalte sind für viele Schüler ein Erlebnis, an das sie sich auch viele Jahre später noch erinnern werden.

◖◗ *„Es gab Highlights und Tiefpunkte, Spaß und Frust, Freude und Traurigkeit. Es war unterhaltsam, lustig, traurig, anstrengend und vieles mehr – in jedem Fall ein unvergessliches Erlebnis!" Schülerin, Kl. 7*

Beispiel für ein Schullandheim am Mittelrhein: Burg Stahleck bei Bacharach

Unbekannt ist den meisten süd- deutschen Schülern beispielsweise der Mittelrhein. Dort gibt es eine Vielzahl von geeigneten Jugendher- bergen. Interessant sind die vielen Burgen und die Geschichte des Weinbaus. Zum Wandern bieten sich die Rheinhöhenwege rechts

Zeichnung eines Schülers, Kl. 8

und links des Rheins an. Ausflüge mit Schiffen bereichern das Programm.

Eine besonders schöne Jugendherberge ist die Burg Stahleck, die sich über Bacharach erhebt. Sie bietet einen herrlichen Blick vom Burghof auf den Rhein.

In der Vorbesprechung können mit den Schülern verschiedene Themen zusammengestellt werden, die sie in Bacharach in kleinen Gruppen bear- beiten. In diesem Fall waren das folgende **Schwerpunkte**:

▶ Burgenbau und Geschichte der Burgen Stahleck,
   Rheinfels und Marksburg

▶ Sport- und Freizeitanlagen

▶ Weinbau

▶ Fachwerkbauten

▶ Zeichnungen anfertigen: Burg, Stadt, Umgebung, Rhein etc.

▶ Drehen eines Films über den Aufenthalt

▶ Schullandheim-Tagebuch

Jeder Schüler ordnete sich einer dieser Gruppen zu. Sie arbeiteten selbstständig und kamen zu guten Ergebnissen. Die Gruppe, die das Thema
Weinbau bearbeitete, organisierte sogar eine kleine Weinprobe. Zu trinken
bekamen wir vor allem Traubensaft, allerdings auch einen kleinen Schluck
Bacharacher Wein.

◀ *Kommentar einer Schülerin der 8. Kl.: „Wir besichtigten eine Kellerei
und machten eine Weinprobe, die aber nicht ausreichte, jemanden
von uns beschwipst zu machen.
Die Gläser, die wir behalten durften,
bewahrten wir als Andenken an
Bacharach auf."*

So hatten wir doch einen erfreulichen Aufenthalt in Bacharach
hinter uns. Wir waren bestimmt alle zufrieden mit Frau Klein und
Herrn Simm, wenn es auch manchmal einige Auseinandersetzungen
gab, die uns aber fast jedesmal einleuchtete. Auch über Freizeit konnten wir uns nicht beklagen.

Es ist wirklich sehr zu loben, in was für eine schöne Gegend
uns Frau Klein für 2 Wochen entführte. Wir dachten alle an viel
mehr wandern, was wir von anderen Ausflügen mit Frau Klein
gewohnt waren. Aber, sehr zu unserem Vorteil, fuhren wir meist
mit dem Zug oder dem Schiff.

Auch lernten wir uns gegenseitig besser kennen, was
nur zum Vorteil unserer Klassengemeinschaft ist.

*Resümee zum Aufenthalt aus der Sicht
eines Schülers der 8. Klasse:*

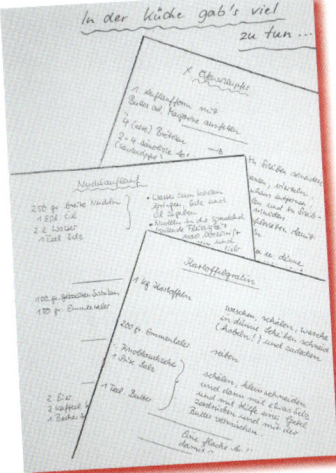

Sich im Schullandheim selbst zu verpflegen, bedeutet zusätzliche Arbeit für das Lehrerteam
und die Schüler. Es muss für einige Tage vorgeplant werden, weil sich manche Schullandheime in einer Gegend befinden, wo der Super-
markt nicht gleich um die Ecke liegt und bei
kleineren Läden Lebensmittel in größerem
Umfang nicht unbedingt vorrätig sind. Der
Speiseplan kann von einer Gruppe von

109

Schülern aufgestellt werden. Dabei ist die Hilfe des Hauswirtschaftslehrers bei jüngeren Schülern von Vorteil, weil es für sie nicht ganz einfach ist, die benötigten Mengen richtig abzuschätzen.

Wenn Schüler den Speiseplan selbst erstellen, werden sie auch eher mit dem Essen zufrieden sein. Ich habe beispielsweise die Erfahrung gemacht, dass jüngere Schüler wenig Fleisch essen und der selbst erstellte Speiseplan ganz anders aussieht als der von Erwachsenen. Ein Nebeneffekt: Die Verpflegung wird dadurch äußerst kostengünstig.

Dieser Speiseplan für die warmen Mahlzeiten

Speisekarte

	Warme Mahlzeit
Dienstag, 30.04.	Salat Maultaschen in der Brühe Joghurt
Mittwoch, 01.05.	Salat Spätzle mit Soße Früchtequark
Donnerstag, 02.05.	Salat Püree mit Rührei Pudding
Freitag, 03.05.	Hamburger und Pommes Joghurt
Samstag, 04.05.	Pute und Reis Joghurt
Sonntag, 05.05.	Salat Spaghetti mit Tomatensoße Vanille-Pudding

wurde von einer 7. Klasse erstellt. Nur einmal gab es Hamburger (Tiefkühlware) und einmal Pute. In den Maultaschen ist Brät enthalten. Das ist bei diesem Plan schon alles an Fleisch, was auf den Tisch kam. Eine wichtige Rolle spielte bei der Verpflegung auch die Rücksicht auf die Schüler, die kein Schweinefleisch essen. Bei unserem Speiseplan konnten alle Schüler das Gleiche essen. Nur die Maultaschen für den ersten Tag haben die Muslime für sich von zu Hause mitgebracht.

Selbstverpflegung kostet Zeit und muss gut organisiert sein. Die entsprechenden Lebensmittel müssen nicht nur für die warme Mahlzeit zur Verfügung stehen, sondern auch für das Frühstück und die weitere Mahlzeit. Das betrifft auch die Getränke. Dabei achte ich darauf, dass für alle Schüler ausreichend Getränke wie Mineralwasser und Tee kostenlos zur Verfügung stehen. Ich habe es so gehandhabt, dass andere Getränke extra bezahlt werden müssen. So hält sich der Konsum von süßen, ungesunden Getränken von selbst in Grenzen.

Ich muss die Zeit für die Zubereitung der Mahlzeiten einkalkulieren, ebenso die Zeit für das Abspülen und Wegräumen. Diese Dienste müssen gerecht verteilt sein und auch entsprechend ausgeführt werden. Dazu ist bei den Schülern Disziplin erforderlich, allerdings auch, abhängig von der

Klasse, Kontrolle durch den Lehrer. In jedem Fall brauche ich einen **Plan**, in den die erforderlichen Arbeiten eingetragen sind, denen sich die Schüler zuordnen müssen.

Alle sind gefordert und jeder muss seinen Anteil leisten, beim Vorplanen, bei den Unternehmungen, beim Kochen, Spülen, Putzen und Aufräumen. Denn Selbstverpflegung bedeutet, dass sich keiner ausnehmen sollte. Jeder ist wichtig für das Gelingen des gemeinsamen Aufenthalts.

Beispiel für ein Schullandheim mit Selbstverpflegung: Hallig Hooge

Ein lohnendes Ziel für die meisten Schüler, vor allem für die aus Süddeutschland, ist die Nordsee mit Wattwanderungen, Ausflügen zu verschiedenen Inseln,

Fahrten mit dem Krabbenkutter. Sie können Muscheln sammeln, besonders Mutige können barfuß durch den Schlick laufen, Beachvolleyball spielen und unter Aufsicht im Meer baden.

Ein Schüler aus der 7. Klasse war vorher noch nie am Meer. Als wir mit dem Bus in Schlüttsiel ankamen, zog er sich im Hafen gleich Schuhe und Strümpfe aus, um zu spüren, wie Meerwasser sich anfühlt, und war kaum zu bremsen, weil er am liebsten gleich im Hafen gebadet hätte.

Auf der Hallig Hooge gibt es mehrere Schullandheime, eines davon mit Selbstverpflegung befindet sich auf der Volkertswarft.

Die Landschaft ist für viele ungewohnt, und der Komfort hält sich in Grenzen. Es gibt für Jugendliche wenig Abwechslung, z.B. keine Disco und keine besonderen Geschäfte. Die Schüler sind auf sich gestellt und auf die Gemeinschaft angewiesen.

◁ Am Meer

„Möwen kreischen, der Wind spielt mit meinem Haar, zerzaust es, meine Haut wird kalt. Ich habe das Gefühl, frei zu sein, absolut frei zu sein wie ein Vogel im Wind und genieße die Natur, atme die frische Meeresluft ein und würde am liebsten fliegen. Ich fühle mich wohl und könnte stundenlang am Meer entlanglaufen. Auch mit dem Gedanken an die Volkertswarft verbindet sich ein Stückchen Heimat in mir. Wenn ich mich auf der Hallig umsehe, sehe ich eigentlich nur eine Farbe: Grün! Erfrischend wirkendes Grün, einen Teppich von Gras. Schaue ich über die Hallig hinaus, erkenne ich kaltes Blau mit leichten Wellen. Der Wind weht mir weiter um die Ohren, und ich verkrieche mich in meine Jacke, doch trotzdem genieße ich den Wind und freue mich auf eine schöne warme Tasse Tee auf der Volkertswarft." Claudia, Kl. 10

Dafür gibt es andersartige Angebote, die die meisten Schüler nicht kennen: Wattwanderungen, Ausflüge zu anderen Inseln, eine Hallig-Rallye, Laboruntersuchungen des Wassers, Besuch des Sturmflutkinos und Fahrten mit dem Krabbenkutter.

Natürlich gibt es auch Möglichkeiten, die überall realisierbar sind, wie Malen, Spielen, Musik machen, Texte und Gedichte verfassen, Filme drehen und Wettkämpfe austragen.

KlassenlehrerIn sein

◄) „Mein Eindruck von der Studienfahrt ist noch gar nicht fassbar! Wenn man das Meer, die Dünen, die typischen Häuser, die Tiere, die Landschaft, ach, einfach alles zum ersten Mal sieht, bekommt man kaum noch den Mund und die Augen zu!" Schülerin, Kl. 10

◄) „Alles stank mir, ich wollte nur wieder zurück auf Hooge." Schüler, Kl. 10, beim Abschied von Hooge

Wichtige **Programmpunkte**, besonders für die jüngeren Schüler, sind Wettkämpfe verschiedener Art, für die es auch Urkunden und Preise gibt. Das können Sportwettkämpfe sein, Kniffelaufgaben, Rallyes.

◄) „Nach dem Essen besprachen wir, wer Interesse am Tischfußball und am Tischtennisturnier hat. Cem organisierte das Tischfußballturnier und Bilal das Tischtennisturnier." Schülerin, Kl. 7

Ab Klasse 7 spielt nach meiner Erfahrung dann die selbst organisierte Disco eine große Rolle, die vom Engagement Einzelner abhängt und gut vorbereitet sein muss, damit sie in Schwung kommt.

4. Segeltour

Zahlreiche Unternehmer bieten in den Niederlanden seit vielen Jahren Touren mit ehemaligen Frachtenseglern an, entweder durch die Kanäle oder übers Ijsselmeer, auch beides kombiniert (s. Internetadressen). Das Besondere an diesen Fahrten ist, dass die

Schüler auf sehr engem Raum eine Woche miteinander verbringen. Das kann eine Klasse zusammenschweißen, aber auch zu Konflikten führen, in jedem Fall erfordert es viel gegenseitige Rücksichtnahme. Positiv ist, dass man viel Zeit hat für Gespräche, gemeinsame Aktionen und projektartiges Arbeiten. Dazwischen ist immer wieder „action" erforderlich: Die Schüler müssen die Segel hochziehen und beim Passieren von Brücken und beim Anlegen einholen.

Beispiele für Projektaufträge:

▶ Wetterkunde: Messungen von Luftdruck, Luftfeuchtigkeit, Windgeschwindigkeit, Lufttemperatur

▶ Messung der Geschwindigkeit des eigenen Schiffes bei unterschiedlichen Windstärken

▶ Wasseruntersuchungen: Sauerstoffgehalt, Temperatur, PH-/Leitwert, Härtegrade, Nitratgehalt

▶ Fische und Plankton

▶ Einfluss der Wasserqualität auf den Fischbestand (Frage eines Schülers: „Warum gibt es in diesem Hafen so viele tote Fische?")

▶ Kreatives Schreiben: Texte und Gedichte

▶ Modellbau: Segelschiff

▶ Zeichnen: Landschaften, Straßenzüge, Windmühlen, Brücken, Schiffe

5. Kleinere Unternehmungen

 Zwei oder mehrere Tage zelten

Eine solche Veranstaltung eignet sich meiner Erfahrung nach gut als Abschluss des Schuljahres, wenn die Zeugnisse geschrieben sind und die „Luft raus ist".

Entweder bringt man eigene Zelte mit (viele Gemeinden stellen bestimmte Flächen für Jugendliche zum Zelten zur Verfügung) oder man übernachtet in Jugendfreizeitstätten, die man allerdings rechtzeitig buchen muss.

Solche Aufenthalte bieten die Möglichkeit, sich auszutoben, aber auch in Ruhe über manches zu reden, was die Einzelnen bewegt.

Von Vorteil ist gutes Wetter, sodass man viel Zeit draußen verbringen, Spiele machen, miteinander grillen und abends noch lange am Lagerfeuer zusammensitzen kann. Vielleicht spielt einer ein Instrument und man kann miteinander singen. Manchmal gibt es in einer Klasse sogar Gitarristen, die ein kleines Liederheft mit Texten zum Mitsingen zusammenstellen.

6. Teamtraining

Ein guter Einstieg in das neue Schuljahr mit einer Klasse kann ein Teamtraining mit **kooperativen Spielen** sein. Sie sind geeignet, eine Klasse von verschiedenen Seiten kennenzulernen und die Gemeinschaft zu fördern. Solche Trainings werden von verschiedenen Veranstaltern angeboten und sind sehr zu empfehlen, allerdings sind sie in der Regel auch mit entsprechend hohen Kosten verbunden.

Ein derartiges Training kann man in geringerem Umfang mit der Hilfe von einem oder zwei weiteren Kollegen auch selbst mit seiner Klasse durchführen. Dazu reichen bereits 1½ bis 2 Tage. Wenn man nach einigen Monaten weitere Bausteine durchführt, kann man damit eine nachhaltige Wirkung erzielen.

In jeder Gemeinde gibt es Spiel- und Sportplätze, die nach Rücksprache mit den Verantwortlichen für solche Unternehmungen genutzt werden können. Die Schüler bringen ihre Verpflegung morgens mit und sind abends wieder zu Hause.

Ziele eines solchen Trainings sind:

▶ sich kennenlernen und gegenseitiges Vertrauen aufbauen,

▶ andere wahrnehmen und respektieren,

▶ einander helfen und kooperieren,

▶ sich und andere einschätzen,

▶ Rückmeldung geben und annehmen.

Eine Fundgrube dafür sind die beiden Bände von Gilsdorf und Kistner „Kooperative Abenteuerspiele" (s. Literaturverzeichnis), auf die einige der folgenden Beispiele zurückgehen.

Bei allen Spielen gibt es nur wenige Vorgaben, weil die Kreativität der Gruppen gefordert ist. Sie sollen sich gemeinsam Gedanken machen, wie sie die Aufgaben lösen können, und für die meisten Aufgaben gibt es verschiedene Wege, um zu einem Ergebnis zu kommen.

Alle in einer Reihe

Alle Spieler stehen in mindestens einem Meter Abstand zueinander und verbinden sich die Augen. Der Spielleiter flüstert jedem eine Zahl von 1 bis zur Anzahl der Teilnehmer zu.

Aufgabe:

▶ Stellt euch so, dass die kleinste Zahl rechts und die größte links in der Reihe steht.

▶ Haltet beim Umhergehen die Hände als Stoßdämpfer vor euch.

Alternativ: Aufstellung nach Geburtstag im Jahresverlauf, Größe, Anfangsbuchstabe des Vornamens …

Ab durch die Mitte

Die Teilnehmer bilden einen großen Kreis. In der Mitte liegt ein Reifen. Jeweils einander gegenüber stehende Personen bilden ein Paar. Bei ungeraden Zahlen kann eine Person zwei Partner haben.

Ziel:

Die Paare tauschen so schnell wie möglich ihre Plätze.

Aufgabe:

▶ Beide laufen zum Mittelkreis, stellen gleichzeitig einen Fuß in den Reifen, begrüßen sich und laufen zur Ausgangsposition des Partners.

▶ Es können mehrere Paare zur gleichen Zeit unterwegs sein, der Reifen darf aber immer nur von einem Paar gleichzeitig betreten werden.

▶ Sobald alle gewechselt haben, wird die Zeit gestoppt. In einer kurzen Besprechung kann die Gruppe sich über die Taktik austauschen und einen neuen Versuch starten, um eine bessere Zeit zu erzielen.

Hängebrücke

Ziel und Aufgabe:

Zwischen zwei Bäumen, die sich in ca. sechs Meter Abstand voneinander befinden, soll mit Hilfe von zwei stabilen Seilen von je ca. 20 m Länge eine Brücke gebaut

werden, sodass alle Mitglieder der Gruppe von einem Baum zum anderen gelangen können, ohne dass sie den Boden berühren.

Spinnennetz

Auf Spielplätzen findet man manchmal ein Netz, bei dem an zwei Pfosten, die ungefähr drei Meter auseinander stehen, Taue befestigt sind. Sie sind an mehreren Stellen so zusammengebunden, dass dadurch unterschiedlich große Öffnungen entstehen. Ein solches Netz kann man mit Tauen und Verbindungsklammern oder Schnüren auch selbst herstellen.

Ziel: Die gesamte Gruppe soll von der einen auf die andere Seite gelangen.

Vorgaben:

▶ Keine Öffnung darf von zwei Personen benutzt werden.

▶ Die Taue dürfen beim Durchqueren nicht berührt werden, ansonsten müssen alle wieder von vorne anfangen.

Schoßsitzen

Ziel: Eine möglichst bequeme Sitzhaltung ohne Hilfsmittel einnehmen.

Aufgabe:

▶ Die Spieler stellen sich dicht hintereinander in einem Kreis auf, die linke Schulter zeigt zur Mitte.

▶ Danach legen sie die Hände auf die Schultern der vorderen Person.

▶ Nun setzen sich alle gleichzeitig langsam auf die Knie der hinteren Person.

Wertvolle Feedback-Methoden finden Sie in Kap. 4 „Lernatmosphäre schaffen": Punkteblitzlicht, Gefühlskärtchen, Wie war´s? usw.

Schule öffnen

*„Wir sollten uns weniger bemühen,
den Weg für unsere Kinder vorzubereiten,
als unsere Kinder für den Weg."*

Amerikanisches Sprichwort

Eine wichtige Aufgabe der Schule ist es, die Jugendlichen auf die **Berufs-welt** vorzubereiten. Dieser Aufgabe kann sie nur gerecht werden, wenn sie möglichst früh schon außerschulische Institutionen in ihren Schulalltag einbezieht. Sei es, dass Vertreter dieser Institutionen in die Schule kommen oder die Schüler in Betriebe, Verwaltungen und andere Einrichtungen gehen, um einen Einblick in die Arbeitswelt zu bekommen.

Generell sollte sich die Schule öffnen, um nicht nur ein Lern-, sondern auch ein Lebensort für Schüler zu sein. Das bedingt, dass die Schule sich auch nach außen präsentiert, Personen von außen in die Schule lässt, aber auch selbst nach außen geht. So erfahren die Schüler, dass sie nicht für die Schule, sondern fürs Leben lernen.

Eine Klasse kann z.B. beim Tag der Offenen Tür oder bei Schulfesten Aufführungen oder Ausstellungen vorbereiten, die einem größeren Publikum zugänglich gemacht werden und von der Presse einer breiteren Öffentlichkeit vorgestellt werden können. Das ist eine Herausforderung für die Schüler, auf die sie sich in der Regel gründlich vorbereiten und bei denen sie zusätzliche methodische und soziale Kompetenzen erwerben. Ich möchte Ihnen in diesem Kapitel weitere Beispiele vorstellen, die Sie mit Ihrer Klasse verwirklichen können.

1. Projekte

Wenn ich als Klassenlehrer Wert darauf lege, dass meine Schüler lernen, selbstständig zu arbeiten, bieten sich **Projekte bzw. projektorientiertes Lernen** in besonderem Maße an. Ich muss den Schülern die Möglichkeit geben, schon bei der Themenfindung, zumindest aber bei der Strukturierung des Themas und der Entwicklung von Arbeitsschwerpunkten beteiligt zu sein. Sie sollen das Projekt in der Gruppe weitgehend selbstständig planen und durchführen, die Ergebnisse vorstellen, bewerten und den Gruppenprozess reflektieren. Dabei wird die Entwicklung von fachlichen Kompetenzen und Schlüsselqualifikationen gefördert.
Der Grad der Selbstständigkeit richtet sich zum einen nach dem Alter der Schüler, zum anderen danach, wie weit sie mit dieser Arbeitsweise bereits vertraut sind.

Um mit einer Klasse in Projekten arbeiten zu können, muss ich wissen, welche Voraussetzungen meine Schüler dafür bereits mitbringen, denn die Projektarbeit stützt sich auf zwei wichtige Säulen, die Methoden- und Teamkompetenz. Was dazugehört, verdeutlicht das „Haus der Projektarbeit". Es ist möglich, diese Kompetenzen während eines Projekts zu verbessern. Die Arbeit wird allerdings erleichtert, wenn Methoden- und Teamtraining zum festen Bestand der Schule gehören und die Schüler wichtige Voraussetzungen bereits mitbringen.

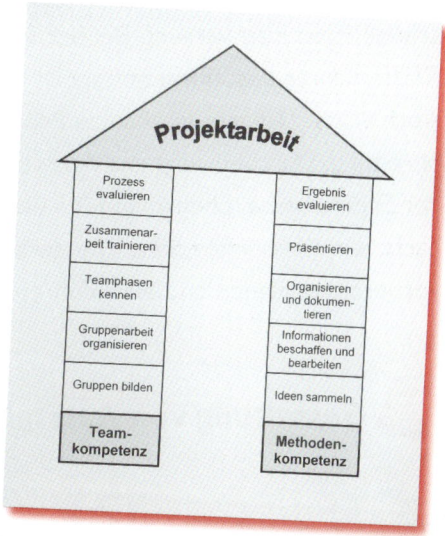

Im Projekt kann ich meine Schüler oft von ganz anderen Seiten kennenlernen als im „normalen" Unterricht. Denn hier können sie zeigen, ähnlich wie bei anderen außerunterrichtlichen Vorhaben, dass sie selbstständig und verantwortungsvoll in Gruppen arbeiten können und dass sie, auch wenn ihre fachlichen Leistungen vielleicht nur mittelmäßig sind, einen wichtigen Beitrag für die Gemeinschaft leisten können.

In jedem Fach kann man kleinere projektorientierte Einheiten durchführen, z.B. zu den Themen Bauernhof, Exkursion ins Elsass, Weihnachten in England, Märchen, Akustik oder Tangram. Man kann ein französisches Menü kochen oder auch eine Fotostory entwickeln lassen. Es gibt viele weitere Beispiele für die verschiedenen Altersstufen.

An manchen Schulen gibt es so genannte **Projektwochen** oder Zeitfenster, die über das Schuljahr verteilt den Rahmen für die Arbeit in Projekten setzen. Allerdings sollte man darauf achten, dass es nicht zu einer Inflation an Projekten kommt, weil die Projektarbeit für die Schüler dann sehr schnell ihren Reiz verliert. Bei der Koordination solcher Vorhaben ist der Klassenlehrer besonders gefragt.

Auch Klassenfahrten können zu Projekten werden, wenn ich die Vorbereitung, Durchführung und Auswertung im Wesentlichen in die Hand der Schüler gebe. Ebenso können die Schüler selbstständig eine Lesenacht, ein Klassenfest, eine Theateraufführung oder ein Schulturnier vorbereiten, planen und durchführen.

Gestaltung von Ausstellungen

Ausstellungen ergeben sich für Jahrestage oder auch aus aktuellen Anlässen: Die Schüler einer 10. Klasse hatten zum 40. Jahrestag der Kapitulation 1945 die Idee, eine Ausstellung unter dem Motto „Erinnern für die Zukunft" für Eltern und Mitschüler zu gestalten. Sie führten intensive Gespräche mit ihren Großeltern und weiteren Zeitzeugen, die ihnen vieles zu erzählen hatten. Selbstständig übernahmen sie die Planung, holten Informationen bei Familienmitgliedern und Zeitzeugen ein. Sie trugen vielfältige Beiträge zusammen: das Interview mit der Großmutter über die Flucht aus Kasachstan, den Bericht über die mühselige Heimkehr des Großvaters aus der Gefangenschaft („Wie mein Opa nach Hause kam"), Erinnerungen an den Schwarzmarkt und die Hungersnot bis hin zu den Möbeln, der Mode und den Schlagern der 50er Jahre. Die Ausstellung war ansprechend gestaltet und ein erfolgreicher Teil des Schulfestes zu diesem Jahrestag.

 „Wir organisierten eine Ausstellung in unserer Schule über das Leben nach dem Krieg. Alte Gegenstände und Fotos wurden von Großvätern und Großmüttern besorgt. Plakate wurden gestaltet, Geschichten und Schicksale auf Papier gebracht. Nach vielen Stunden Arbeit und Mühe war es dann so weit. Man konnte die Ausstellung eröffnen. Die Mühe lohnte sich.
Wir konnten viel aus alledem lernen. Wir stellten fest, dass sich so ein Krieg nie mehr wiederholen darf." Schülerin, Kl. 9

Zusammenarbeit mit Altenheimen

Das Projektthema, das sich eine 8. Klasse auswählte, sollte etwas mit Altenheimen zu tun haben. Die Schüler entwickelten dazu die folgenden

Arbeitsschwerpunkte:

▶ Singen, Tanzen und Musizieren: Planung der Veranstaltungen nach Absprache mit den Heimen, Einüben von Liedern und Tänzen nach Umfragen bei den Altenheimbewohnern, vorweihnachtliche Nachmittage in den Kleeblatt-Pflegeheimen in Murr und Erdmannhausen.

123

▶ Dia-Vorführung über Marbach: Auswahl der Fotomotive und Zusammenstellung der Texte für die Vorführung, Absprache mit dem Seniorenstift in Marbach und Gestaltung eines Dia-Nachmittags.

▶ Untersuchung der Möglichkeiten der Freizeitgestaltung im Seniorenstift in Marbach: Teilnahme an Gedächtnistraining, Englischunterricht, Fahrt ins Café.

▶ Untersuchung von Kosten und Ausstattung der Heime: Interviews mit den Bewohnern, Fotos und Texte zu den verschiedenen Bereichen des Seniorenstifts, Informationen über Finanzierung und Verwaltung.

◖ *„Als Nächstes kommt die Erfahrung, die ich für nicht ganz unwichtig halte, nämlich in fremden Büros eine Kontaktperson zu finden. Bei unserer Gruppe ging es erst aufwärts, als wir ins Altenheim gegangen waren und uns mit der Leitung in Verbindung setzten. Diese Erfahrung, einfach auf fremde Leute zuzugehen, wird uns später in unseren Berufen sicher weiterhelfen."*
Schüler, Kl. 8a

◖ *Elternmeinungen zum „Altenheim-Projekt":*
Gut gefallen hatte vielen, dass durch dieses Projekt berufsrelevante Kompetenzen geschult wurden, wie Teamfähigkeit, Lösung von Konflikten, Selbstständigkeit und die Fähigkeit zur Präsentation.

Marbacher Zeitung, 19. Dezember 1998

Museumsbesuche für Jugendliche gestalten

Es gibt heute viele Museen, die gute Führungen anbieten, meist jedoch für Erwachsene, auch gibt es spezielle Kinderführungen. Leider habe ich die Erfahrung gemacht, dass die Gruppe der Jugendlichen weniger angesprochen wird. Die Frage ist, wie man bei jungen Leuten Interesse für Museen wecken kann.

Ein Projekt, das ich mit einer 8. Klasse durchgeführt habe, hatte gerade das zum Ziel: Die Schüler sollten mit handlungsorientierten Materialien die Geschichte ihrer Stadt entdecken. Das war eine Idee, die von der Museumsleiterin gern unterstützt wurde.

Nach meiner Vorarbeit, die die Grundstruktur für das Arbeitsheft für Besucher vorgab, entwickelten wir gemeinsam Rätsel, Lückentexte und Aufgaben verschiedenster Art. Einige Gruppen waren mehrfach im Museum, um die Aufgaben auszuprobieren und zu verbessern.

◁ *Beispiele für Verbesserungsvorschläge von Schülern der 8. Klasse:*
  „Die Bilder sind zu schwer zu erkennen."
  „Beim Lückentext ‚Handwerk und Gewerbe' weniger Lücken lassen."

2. Wettbewerbe

Es gibt **Wettbewerbe**, die sich für Projekte eignen und bei denen man sogar etwas gewinnen kann (z.B. von der Bundeszentrale für politische Bildung, von verschiedenen Ministerien, von Stiftungen, von Institutionen der EU). Zahlreiche Informationen bekommt man im Internet über den

125

Deutschen Bildungsserver (www.bildungsserver.de). Viele Unterlagen werden auch an die Schulen geschickt und sollten in Ruhe gesichtet werden.

Euroreporter

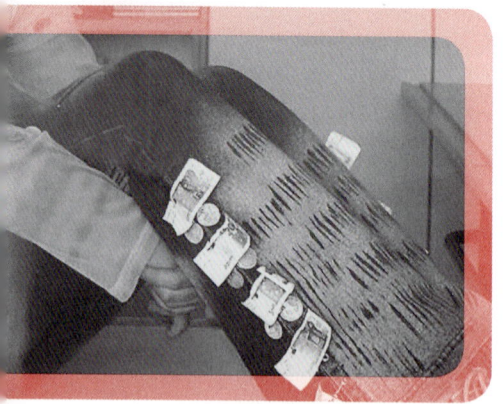

Vor der Einführung des Euro war im Auftrag der Europäischen Kommission der Wettbewerb „Euroreporter" ausgeschrieben worden, an dem eine meiner 7. Klassen teilgenommen hat. Die Schüler haben verschiedene Projektideen entwickelt und sie in Gruppen bearbeitet. Eine Gruppe war in der Silvesternacht unter-

wegs und hat Passanten zur Euro-Einführung befragt und dazu einen Film gedreht. Eine andere Gruppe hat Mode mit Euroscheinen gestaltet. Es ist eine Vielfalt von Ideen entstanden, die zu interessanten Ergebnissen geführt haben. Die Schüler haben sich sehr viel Mühe gegeben – und bekamen dafür immerhin einen Trostpreis.

So mobil ist Schule

Seit einigen Jahren schreibt die Deutsche Bahn bundesweit einen Projektwettbewerb „So mobil ist Schule" für Schüler der Klassen 7 bis 10 aus. In verschiedenen Kategorien kann man Preise gewinnen, wenn

man bundesweit unter die drei Besten kommt. Über die Reihenfolge der drei Besten entscheidet dann eine Präsentation des Projekts, die an wechselnden Orten stattfindet. In unserem Fall fand sie in Bielefeld statt. Die Geldpreise sind natürlich ein besonderer Anreiz für Schüler.

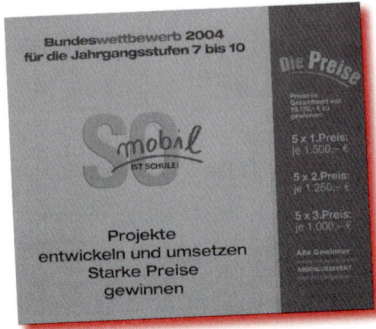

Bei diesem Wettbewerb waren meine Schüler in der 8. Klasse dann erfolgreicher: Mit der Präsentation ihrer JUNIOR-Firmen, die Kochbücher produziert und vermarktet hatten, wurden sie in der Kategorie „Wir produzieren" Bundessieger und gewannen damit 1.500 €.

 ## Gründung von JUNIOR-Firmen

Fachkundige Unterstützung und Begleitung für Firmengründungen von Schülern bekommt man durch das Institut der deutschen Wirtschaft in Köln mit dem Projekt JUNIOR: JUNGE UNTERNEHMER INITIIEREN – ORGANISIEREN – REALISIEREN (Informationen findet man im Internet unter www.juniorprojekt.de).

In der Klasse 8b (normalerweise erst in Kl. 9) der Erich-Kästner-Realschule wurden zwei Firmen gegründet, die sich später „Kochmix" und „wwk – world wide kitchen" nannten. Beide Firmen entschieden sich, Kochbücher zu produzieren und zu vermarkten. Sie bekamen von JUNIOR 75 Anteilsscheine zu je 10 €, die sie für ihr Startkapital verkauften.

An dem Vorschlag von JUNIOR orientiert sich der folgende Firmenaufbau: Die Schüler wählten den Vorstand, erstellten einen Organisationsplan und verteilten sich nach Interesse oder „Erfordernissen" auf die Abteilungen.

Vorstandsvorsitzende der Firma „Kochmix" N. I.			
Techn. Leitung F. T.	Finanzleitung J . S.	Marketing-Leitung S. M.	Verwaltungsleitung K. B.
Einkauf M.	Buchführung A.	Werbung J.	Postein-/-ausgang J.
Lager F.	Bank J.	Verkaufskoordination S.	Sitzungsprotokolle D.
Produktion F. und K.	Steuererklärung A. und J.	Pressearbeit S.	Löhne und Gehälter K.
		Vertrieb P.	

Jede erste Monatswoche wurden die Stundenzettel vom letzten Monat bei dem zuständigen Schüler abgegeben und genau berechnet. Abgezogen wurden Sozialversicherung und Lohnsteuer. Bis zum 15. des Monats mussten die Unterlagen an JUNIOR nach Köln geschickt werden.

Für den 13.02.03 organisierte JUNIOR eine Verkaufsmesse in Frankfurt. Beide Kochbücher erschienen rechtzeitig zur Messe in einer Auflage von je 100 Stück und erzielten gute Verkaufserfolge.

Kochmix

Einteilung der Rezepte nach Festen:
Weihnachten, Silvester, Ostern und Geburtstage.

wwk

Rezepte aus 7 Ländern: Deutschland, Frankreich, Griechenland, Italien, Libanon, Spanien, Türkei.

Vor den Sommerferien mussten die Firmen aufgelöst werden. Die Gewinn- und Verlustrechnung und der Geschäftsbericht mussten erstellt, die restlichen Lohn- und Umsatzsteuern, Versicherungsbeiträge und Kapitalertragssteuer überwiesen werden. Auf Einladung des Arbeitgeberverbands Südwestmetall fand die Auflösungshauptversammlung im Haus Steinheim statt. Beide Firmen verkauften mit Gewinn über 300 Kochbücher und konnten den Anteilseignern eine Dividende auszahlen.

Durch dieses Projekt, so ergab die Auswertung, haben viele Schüler gelernt, im Team zu arbeiten und vor anderen etwas zu präsentieren. Sie haben eine Vorstellung davon bekommen, wie man eine Produktidee entwickelt, ein Produkt herstellt und auf den Markt bringt, und dass erfolgreiche Arbeit nur möglich ist, wenn man verantwortungsbewusst und zuverlässig arbeitet und Durchhaltevermögen hat.

Marbacher Zeitung, 26. März 2003

3. Seminare

Um ein Thema vertiefend zu bearbeiten, bieten sich für ältere Schüler mehrtägige Seminare an, die von verschiedenen Trägern durchgeführt werden. Wenn ich Schülern geschichtliche oder aktuelle politische und gesellschaftliche Themen näherbringen möchte, ist es ein Vorteil, wenn sie sich über mehrere Tage mit einem Thema intensiv beschäftigen können. Dazu fehlt im Unterricht in der Regel die Zeit.

Angebote gibt es z.B. bei den Landeszentralen für politische Bildung, den Gewerkschaften, den Parteien, den Kirchen und verschiedenen Verbänden.

Bei einigen Institutionen sind dies fertige Angebote, für die man sich melden kann, bei anderen, z.B. bei den Landeszentralen für politische Bildung, kann man ein Wunschthema angeben, das nach Möglichkeit realisiert wird. Bei der Themenwahl sollten die Schüler maßgeblich mitentscheiden. Bei Interesse am Thema ist dann auch die Bereitschaft vorhanden, sich engagiert einzubringen. Das Seminar sollte von den Referenten handlungsorientiert und abwechslungsreich gestaltet werden, das habe ich immer als besonderen Wunsch formuliert und das wurde meist auch berücksichtigt.

❮ *„Ich fand, dass diese Tage in jeder Hinsicht gelungen waren. Wenn man aufgepasst und mitgemacht hat, begann das sonst eher trockene Thema Politik direkt interessant zu werden und sogar Spaß zu machen, da uns zum ersten Mal so richtig klar wurde, wie sehr uns diese Themen im Alltag, manchmal auch nur bei Kleinigkeiten, betreffen."* Schülerin, Kl. 9

❮ *„Toll, dass wir so etwas machen!"* Schüler, Kl. 9

129

Wenn die Schüler sich entscheiden, an einem solchen Seminar teilzunehmen, muss ihnen klar sein, dass die Tage über an dem gewählten Thema gearbeitet wird und Freizeit erst am Abend möglich ist.

Als Klassenlehrerin muss ich diese Seminare sorgfältig vorbereiten, die Eltern informieren und die Finanzierung regeln. Während des Seminars kann ich mir Zeit nehmen, meine Schüler bei der Arbeit zu beobachten. Dadurch bekomme ich zusätzliche Einblicke in das Sozialgefüge der Klasse und die Arbeitsweise der einzelnen Schüler. Außerdem können wir die Abende miteinander gestalten.

4. Berufsvorbereitung

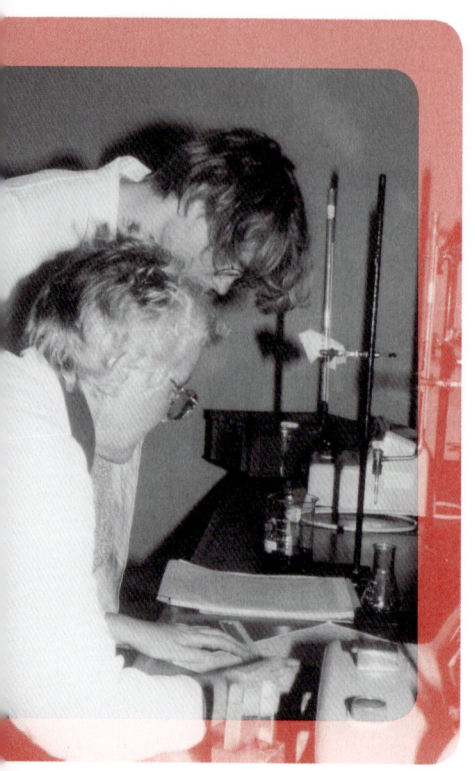

Bereits während ihrer Schulzeit sollen die Schüler auf die **Arbeitswelt** vorbereitet werden, um ihnen auch die spätere Berufswahl zu erleichtern. Sie lernen, ihre Interessen und Fähigkeiten, ihre Stärken und Schwächen einzuschätzen. Sie erfahren, welche Ausbildungsgänge es gibt, wie sie sich bewerben und wie sie Kontakt zu außerschulischen Einrichtungen aufnehmen können. Sie bekommen Einblicke in die Arbeitswelt durch die Kooperation mit Betrieben, Verwaltungen und anderen Einrichtungen.

Manche Schulen haben für die Berufsvorbereitung ein eigenes Curriculum entwickelt, in dem bereits in den unteren Klassen das Thema Berufe eine Rolle spielt. Das bedeutet, dass sich die Berufsorientierung durch alle Klassenstufen zieht und die Angelegenheit der ganzen Schule ist. Möglichst viele Fächer leisten ihren Beitrag dazu, dass die Schüler auf ihr Leben nach der Schule gut vorbereitet werden.

An den Realschulen in Baden-Württemberg ist die Berufsorientierung nach dem Bildungsplan von 2004 ein „Themenorientiertes Projekt". Das bedeutet, dass die Schüler in diesem Bereich projektorientiert und weitgehend selbstständig arbeiten. Sie planen „im Team Vorgehensweisen zur Erlangung persönlicher Berufswahlkompetenz, legen Fixpunkte fest und erarbeiten sich selbstständig einen Überblick über zentrale Gesichtspunkte der Berufs- und Arbeitswelt."[27]

Ob der Klassenlehrer oder die Fachlehrer für die Berufsvorbereitung zuständig sind, ist in den einzelnen Bundesländern unterschiedlich. Allerdings ist der für die Schüler wichtige Bereich für den Klassenlehrer ein besonderes Betätigungsfeld. Er kennt seine Schüler mit ihren Stärken und Schwächen oft besser als ein Fachlehrer und kann ihnen auf dem Weg der Berufsorientierung begleitend zur Seite stehen.

Erste Orientierung

In einem ersten Schritt müssen sich die Schüler Gedanken über ihre Interessen und Fähigkeiten machen, was manchen nicht leichtfällt. Noch schwerer fällt es ihnen, ihre Stärken zu benennen. Vor allem sich auch über ihre Stärken klar zu werden, ist ein wichtiger Aspekt bei der Berufsorientierung. Viele Schüler haben aber die Befürchtung, dass die Mitschüler sie für eingebildet halten, wenn sie sagen, was sie gut können. Denn die meisten sind eher gewöhnt, ihre Schwächen zu sehen. Darauf werden

---

[27] Ministerium für Kultus, Jugend und Sport Baden-Württemberg: Bildungsplan 2004, Realschule.

sie auch in der Schule öfter hingewiesen. Wenn Ihre Schüler also ihre eigenen Fähigkeiten einschätzen sollen, dann arbeiten Sie mit Tandems oder Kleingruppen, in denen sich die Schüler gegenseitig unterstützen und ermutigen können.

Um ihnen das zu erleichtern, gebe ich ihnen dazu die Selbsteinschätzungsbögen „Persönliches Profil" aus der Arbeitsmappe „Mein Betriebspraktikum"[28] und den Arbeitsbogen „Mein Stärkenprofil". Sie müssen einschätzen, welche der aufgelisteten Eigenschaften bei ihnen stark oder weniger stark ausgeprägt sind, z.B. Auffassungsvermögen, Lernbereitschaft, Selbstständigkeit, Sorgfalt, und die bei ihnen besonders ausgeprägten Eigenschaften auf ihr Stärkenprofil übertragen. Dieses Profil soll immer wieder ergänzt werden.

In den folgenden Büchern finden Sie zusätzliche Hilfen und Übungen.

Ebner, Peter H./Fritz, Sabine:
Berufswahl: Das will ich – das kann ich – das mach ich.
Mülheim an der Ruhr 2005.

Korsch, Gustavo:
Textverständnis trainieren: Die Bewerbung.
Mülheim an der Ruhr 2005.

In einem nächsten Schritt können die Schüler durch den Eignungstest der Agentur für Arbeit erkunden, welche Berufe zu ihnen passen könnten. Damit haben sie eine Grundlage für die Suche nach entsprechenden Praktikumsplätzen.

---

[28] Esser, Susanne: Mein Betriebspraktikum. Mülheim an der Ruhr 1999. S. 15.

Materialien für die Berufsvorbereitung

Verschiedene Einrichtungen bieten Materialien an, die die Schüler bei der Berufsvorbereitung unterstützen, vor allem die Bundesagentur für Arbeit. Außerdem möchte ich auf weitere Materialien hinweisen, die ich für eine gute Ergänzung halte:

▶ den Berufswahlpass, herausgegeben vom Nordverbund,
▶ den Qualipass, der in Zusammenarbeit mit dem Ministerium für Kultus, Jugend und Sport Baden-Württemberg, der Freudenberg-Stiftung und dem Landesarbeitsamt entwickelt wurde, und
▶ die Hefte des Bundesverbands deutscher Banken „Start frei" und „Praxis testen".

Materialien der Agentur für Arbeit

Die Agentur für Arbeit stellt umfangreiches Material für Schüler und unterstützende Unterlagen für Lehrer zur Verfügung. Eine Übersicht über das zur Verfügung stehende Material findet man unter www.arbeitsagentur.de „Informationen": Ausbildung/Berufs- und Studienwahl.

Unterlagen für Schüler:

▶ Berufswahlmaterialien „Mach's richtig" unter www.machs-richtig.de zu den Themen Wunschberuf und Alternativen, Interessen, Bewerbung und der InfoBase, der großen Berufe-Datenbank
▶ Taschenbuch „Beruf aktuell": Kurzbeschreibungen von Berufen
▶ Eignungstest unter www.interesse-beruf.de

Unterlagen für Lehrer:

▶ Stichwort „Lehrerzimmer – Wichtige Informationen für Lehrkräfte"

Außerdem gibt es bei den Berufsinformationszentren vor Ort (BIZ) Informationen über Ausbildung und Studium, Berufsbilder und Anforderungen, Weiterbildung und Umschulung und Arbeitsmarktentwicklungen.

Berufswahlpass

Der Berufswahlpass wird als gemeinsames Vorhaben im 7-Länder-Nordverbund entwickelt (www.berufswahlpass.de).

Er enthält:

▶ Angebote der Schule zur Berufsorientierung,

▶ „Mein Weg zur Berufswahl": Analyse der Stärken, Interessen und Ziele, Planung der Lernschritte, Weg des Übergangs in Beruf, Arbeitsleben oder weitere schulische Bildung,

▶ Dokumentation des eigenen Bildungsgangs durch Bescheinigungen und Zertifikate,

▶ Dokumente zur allgemeinen Lebensplanung.

Der Berufswahlpass fördert die Selbstverantwortung der Schüler für ihre individuelle Lernplanung, ermöglicht die Dokumentation der Berufsvorbereitung und Angaben über besondere Leistungen und unterstützt damit die Schüler bei ihren beruflichen Entscheidungsprozessen.

Qualipass

Der Qualipass (www.quali-pass.de) richtet sich an Jugendliche zwischen 12 und 25 Jahren und ist eine hilfreiche Mappe, in der Schüler Unterlagen für ihre Bewerbung sammeln können, z.B. Bescheinigungen über Praktika, Vereinsmitarbeit, Schülerinitiativen, Auslandsaufenthalte, Nachbarschaftshilfe oder vergleichbare Tätigkeiten.

„Start frei" und „Praxis testen"

Der Bundesverband deutscher Banken (www.schulbank.de) gibt zwei recht preisgünstige Hefte heraus, die die Schüler bei ihrer Vorbereitung auf die Berufswahl unterstützen, nämlich „Start frei! Der Weg zum Wunschberuf" und „Praxis testen. Das erfolgreiche Betriebspraktikum". Die Unterlagen findet man auf der Homepage unter „Publikationen", Stichwort „Berufswahl".

Bewerbertraining

Der erste Kontakt bei der Bewerbung um einen Praktikumsplatz läuft meistens über das Telefon. Daher habe ich mit meinen Schülern ein Tele-

fontraining durchgeführt.
Nachdem wir gute und
schlechte Beispiele bespro-
chen hatten, bekamen sie den
Auftrag, selbst ein solches
Gespräch zu entwickeln und
vorzuführen, was manchen
nicht leichtgefallen ist.

Kostenlose Bewerbertrainings
bieten die Vertreter der Kran-
kenversicherungen an. Sie
kommen in die Schule und ge-
ben den Schülern wertvolle Tipps für ihre Bewerbungen, trainieren mit
ihnen Auswahltests und Vorstellungsgespräche.

Telefonieren kann jeder (lernen)

Anruf bei einer Firma wegen einer Praktikumsstelle

Einzelarbeit: 5 Min.
- *Schreibe eine Checkliste, was du in welcher
  Reihenfolge sagen willst.*

Gruppenarbeit: 20 Min. (Zeitwächter!)
- *Erstellt eine gemeinsame Checkliste.*
- *Überlegt Fragen, die eine Mitarbeiterin/ein
  Mitarbeiter der Firma euch stellen könnte.*
- *Übt das Telefongespräch ein und achtet dabei
  auf die Sprechweise: klar, deutlich, langsam.*

Präsentation
- *Führt das Gespräch vor!*

---

*Der Hintergrund ist natürlich, dass sie die Schüler als zukünftige Versi-
cherungsnehmer auf sich aufmerksam machen möchten. Meist suchen
sie auch Wege, um an die Adressen der Schüler zu kommen, indem sie
sich bereit erklären, den Schülern weitere Materialien zuzuschicken.
Wenn man das weiß, kann man es umgehen, indem man die Materialien
an die Schule schicken lässt bzw. die Schüler darüber informiert, dass sie
in keiner Weise verpflichtet sind, später dieser Versicherung beizutreten.*

Informationen darüber, wie man seine Bewerbungsunterlagen zusammen-
stellt und gestaltet, findet man außerdem in „Mach's richtig". Im Internet
gibt es unter diesem Stichwort viele Seiten, die sich mit dem Thema beschäftigen. Man findet dort auch zahlreiche Eignungstests, die man kostenlos durchführen kann.

Das Berufspraktikum

Ein wichtiger Teil der Berufsorientierung ist das Praktikum, weil es die
spannendsten Erfahrungen bietet. Ich halte es für sinnvoll, dass die Schüler
sich die Plätze selbst suchen, auch wenn es nicht an allen Schulen so ge-

handhabt wird. Sie können sich bei den Eltern von Freunden erkundigen, oft haben auch die eigenen Eltern für sie hilfreiche Tipps. Sie können zu örtlichen Betrieben und anderen Einrichtungen Kontakt aufnehmen. Auch die zuständigen Lehrer können ihnen in der Regel Hinweise geben. Von der Schule bekommen sie die Begleitschreiben für die Betriebe einschließlich der Angaben, dass sie für das Praktikum versichert sind. Manche Betriebe erwarten eine kleine Bewerbung für diese Stelle einschließlich Lebenslauf. Das finde ich besonders dann gut, wenn sie während des Praktikums bereit sind, den Schülern eine Rückmeldung zu ihren Unterlagen zu geben. Das ist eine gute Möglichkeit, hilfreiche Hinweise aus der Berufspraxis zu bekommen.

Vorbereitende und begleitende Materialien für das Praktikum enthält die Arbeitsmappe „Mein Betriebspraktikum"[29]: Erwartungen an das Praktikum, Anforderungen, Jugendarbeitsschutz, Formulare für Tagesberichte, Hinweise für das Verhalten, Vorschläge für Interviews, ein Fremdeinschätzungsbogen, mit dem sie sich Rückmeldung von den betreuenden Mitarbeitern einholen können, und viele weitere Arbeitsbögen. Das sind Bögen, mit denen sich die Schüler beschäftigen können, um sich Anregungen für die Zeit des Praktikums zu holen.

Der Praktikumsbericht

An manchen Schulen wird von den Schülern erwartet, dass sie einen Praktikumsbericht erstellen, der dann in die Benotung im entsprechenden Fach einbezogen oder in einem gesonderten Testat beschrieben wird. Der Bericht kann auch in den

Bewertung des Praktikumsberichts

Name:

	Max. Punkte	Erreicht:
1. Bewerbungsunterlagen: 10%	10	
2. Praktikumsberuf: 10%	10	
3. Betriebs- bzw. Arbeitsstelle: 20%	20	
4. Tätigkeit am Arbeitsplatz: 30%	30	
5. Beurteilung des Praktikums: 30%	30	
Gesamtpunktzahl	100	

Note:

---

[29] Esser, Susanne: Mein Betriebspraktikum. S. 15.

Berufswahlpass oder den Qualipass einbezogen werden. Die Kriterien dafür müssen mit den Schülern vorher entwickelt oder bekannt gegeben werden. Die Schüler haben vorher einen ausführlicheren Informationsbogen bekommen, in dem die einzelnen Kriterien genauer ausgeführt werden.

Meiner Erfahrung nach machen sich die meisten Schüler mit ihren Berichten sehr viel Mühe. Deshalb habe ich oft sehr gute Noten geben können, die ich z.B. entsprechend kommentiert habe:

Bemerkungen:
Ich danke dir für diesen interessanten Bericht, durch den ich einiges dazugelernt habe. Er enthält alle wichtigen Informationen, ist sehr gut aufgebaut und gestaltet. Es hat mir Spaß gemacht, ihn zu lesen!
Note: 1,0

Nach Möglichkeit besuche ich meine Schüler während des Praktikums, um einen Einblick in den Beruf zu bekommen und zu erfahren, wie sich der Schüler einbringt. Das führt oft zu interessanten Gesprächen mit Firmenchefs, betreuenden Mitarbeitern und den Schülern, durch die ich manches dazulernen kann.

Bei den Besuchen kann ich Fotos von den Schülern und ihren Arbeitsplätzen machen, die wir uns nach dem Praktikum gemeinsam ansehen, damit jeder Schüler einen Überblick über die verschiedenen Tätigkeiten und Berufe seiner Mitschüler bekommt.

Wieder in der Schule
Der erste Schultag nach dem Praktikum ist geprägt von dem Wunsch der Schüler, sich mit möglichst vielen Mitschülern auszutauschen. Gut geeignet ist dafür als Methode das Kugellager, weil dadurch in relativ kurzer Zeit viel Austausch untereinander möglich ist.

137

Kugellager

Die Schüler bilden einen **Sitzkreis**. Jeder zweite rückt mit dem Stuhl nach innen, sodass sich zwei einander zugewandte Kreise, ein Innen- und ein Außenkreis ergeben.
Die Schüler des Außenkreises erzählen ihrem Gegenüber, was sie im Praktikum erlebt haben: Wo sie gearbeitet haben, in welchem Beruf sie tätig waren, was sie Besonderes er-

lebt und erfahren haben und was ihnen gefallen oder nicht gefallen hat. Nach einer begrenzten Zeit wird gewechselt, dann sind die Schüler des Innenkreises an der Reihe ihrem Gegenüber im Außenkreis von ihren Erlebnissen zu berichten. Anschließend wechselt der Innenkreis um einen oder mehrere Plätze weiter. Wieder beginnen die Schüler des Außenkreises, dann wird gewechselt. Wie oft gewechselt wird, muss man als Lehrer nach eigenem Ermessen entscheiden.

Es wird sich zeigen, dass in der Regel nicht alle Schüler mit ihrem Praktikumsberuf zufrieden sind. Sie haben vielleicht erkannt, dass sie sich diesen Beruf ganz anders vorgestellt haben und ihn keinesfalls später ergreifen möchten. Auch das ist eine wichtige Erfahrung, für die sich das Praktikum gelohnt hat.
Manche Schüler suchen sich anschließend einen **Praktikumsplatz für die Ferien**, um einen Einblick in weitere Berufe zu bekommen. Das kann ich sehr empfehlen, denn mancher meiner Schüler hat über ein solches Praktikum seine spätere Ausbildungsstelle bekommen.

Elternabend
Um die Erfahrungen aus dem Praktikum auch den Eltern vorzustellen, können Plakate oder Powerpoint-Folien dazu erstellt werden, die am Elternabend präsentiert werden.

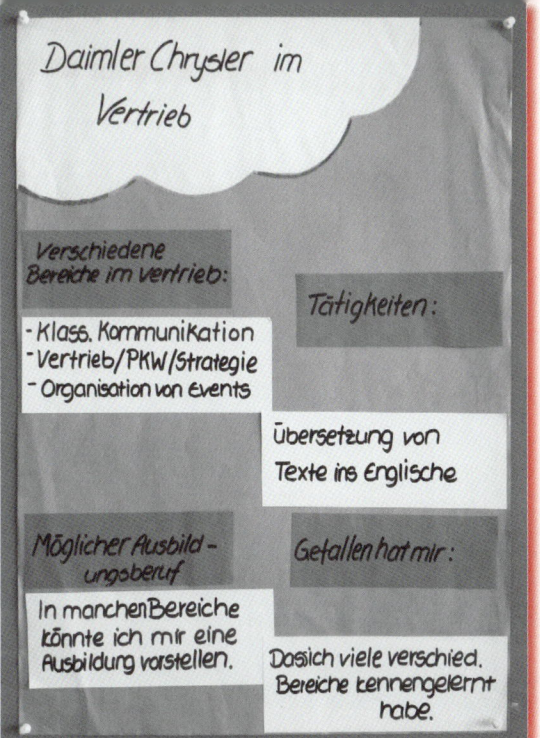

Dabei können die gleichen Aspekte angesprochen werden wie beim Austausch im Kugellager: Wo sie gearbeitet haben, in welchem Beruf sie tätig waren, was sie Besonderes erfahren und erlebt haben und was ihnen gefallen oder nicht gefallen hat. Wenn mehrere Schüler im gleichen Beruf oder bei der gleichen Firma tätig waren, können sie gemeinsam ein Plakat oder eine Folie erstellen.

Viele Eltern sind an diesem Austausch interessiert, weil sie auf diese Art weitere Informationen über verschiedene Betriebe und andere Einrichtungen bekommen. Sie lernen weitere Berufe kennen, die für ihr eigenes Kind vielleicht auch in Frage kommen könnten.

Berufsinformationstage

Zusätzlich zu den größeren Ausbildungsmessen oder Azubi-Tagen gestalten manche Schulen mit Hilfe der Eltern und Vertretern örtlicher Betriebe Berufsinformationstage, wo Eltern ihre Berufe interessierten Schülern vorstellen und die Betriebe Einblicke in ihre Arbeit und die Ausbildung geben. Die meisten Eltern sind gerne bereit, sich in der Schule zu engagieren und bei solchen Veranstaltungen aktiv zu werden.

Wenn Ihre Schule diese Berufsinformationstage noch nicht anbietet, wäre das z.B. eine Idee für die nächste **Projektwoche** mit Ihrer Klasse. Die Vorbereitung einer solchen Veranstaltung ist sehr aufwändig. Warum sollte man also nicht die Hilfe der Schüler bei dieser Planung in Anspruch nehmen. Die Schüler wissen schließlich am besten, was ihre Mitschüler interessiert.

Mit Eltern zusammen- arbeiten

„Viele Lehrer sind auch Eltern.
Alle Eltern waren auch Schüler.
Viele Schüler werden Eltern.
Manche Schüler werden Lehrer.
Sollte es da keine Gemeinsamkeiten geben?"

Reinhold Miller

Die Eltern sind wichtige Partner des Lehrers, vor allem des Klassenlehrers. Da er für die Klasse zuständig und verantwortlich ist, wird er
von vielen Eltern als Ansprechpartner gewählt. Meist entwickelt sich
ein erster Kontakt durch die Klassenpflegschaftssitzungen, bei denen
der Klassenlehrer eine wichtige Rolle spielt.

Ein **regelmäßiger Austausch** erleichtert die gemeinsame Arbeit, denn
viele Eltern wollen wissen, wie es um ihr Kind in der Schule bestellt ist.
Der Lehrer braucht die Eltern vor allem auch als Ansprechpartner,
wenn es Probleme gibt.
Verständnis füreinander und ein Umgang, der von gegenseitiger Wertschätzung getragen ist, hilft über manche Konflikte und Schwierigkeiten
hinweg.

Von Vorteil ist, wenn sich die Zusammenarbeit zwischen Eltern und Klassenlehrer nicht nur auf die im Allgemeinen üblichen zwei Jahre beschränkt,
sondern sich über einen längeren Zeitraum erstreckt. Entwicklungs-
schwankungen, vor allem beim Schulwechsel und in der Pubertät, können
auf diese Weise von beiden Seiten verständnisvoll begleitet werden.

1. Elternabende

In der Regel finden zweimal im Schuljahr Klassenpflegschaftssitzungen, so genannte „Elternabende" statt. Sie werden vom Elternvertreter einberufen, der auch die Einladungen verschickt und die Sitzung leitet. Wenn es noch keine Elternvertreter gibt, z.B. bei neu gebildeten Klassen, obliegt dem Klassenlehrer die Aufgabe, die Klassenpflegschaftssitzung einzuberufen und zu leiten. Bei dieser ersten Sitzung werden dann die Elternvertreter gewählt.

Tagesordnung und Termin werden in der Regel zwischen Elternvertreter und Klassenlehrer abgestimmt, wobei die Mehrzahl der Themen meist beim Klassenlehrer liegt. An manchen Schulen ist es üblich, dass sich bei der 1. Sitzung die Fachlehrer kurz vorstellen und die Eltern über ihr Fach und ihren Eindruck von der Klasse informieren.

 Vorbereitung

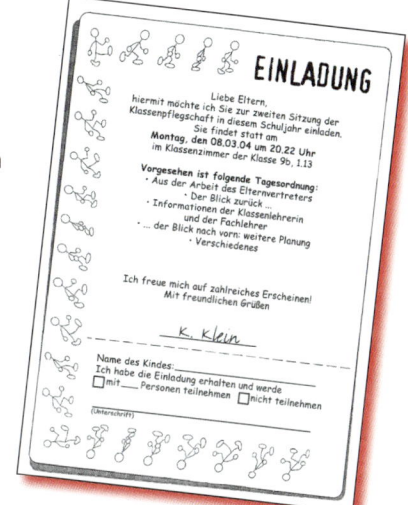

Die Vorbereitung des Elternabends beginnt bereits mit der **Einladung**. Wenn es noch keine Elternvertreter gibt, schreibt sie der Klassenlehrer.

Die Tagesordnung, die meist nach Absprache zwischen beiden erstellt wird, muss für die Eltern verständlich formuliert sein.
Die Eltern sollten darüber informiert werden, ob eine Bewirtung stattfindet, damit sie sich darauf einstellen können. Das sollte in jedem Fall mit der Schule und dem Elternvertreter abgesprochen werden, denn am manchen Schulen ist es erwünscht und guter Brauch, an anderen ist es verpönt.

143

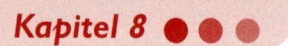
Ein Hinweis auf das späteste Ende der Sitzung ist vor allem wichtig für die Eltern, die durch die familiäre Situation gebunden sind. Das untere Drittel des Schreibens sollte zum Abtrennen markiert sein. Hier geht es um die Rückmeldung der Eltern, ob sie teilnehmen und, wenn ja, mit wie vielen Personen. Diese Information ermöglicht es mir, eine ausreichende Zahl von Stühlen bereitzustellen.

Vor dem Elternabend haben die Schüler noch wichtige Aufgaben zu erledigen: Sie räumen die Fächer unter ihren Tischen und im Regal auf, putzen die Tische und die Tafel, schreiben Namenskärtchen für ihre Eltern und stellen sie auf ihren Platz. Das machen besonders die jüngeren Schüler gern.

 ## Überlegungen zur Durchführung

Der Klassenlehrer ist am Abend in jedem Fall als Erster anwesend, evtl. sind auch **Schüler** da, die etwas vorstellen, und die Klassensprecher, die die Klasse vertreten und ihr anschließend über den Abend berichten.

Die **Sitzordnung** sollte erwachsenen Menschen angemessen sein, Blickkontakt und Austausch ermöglichen. Vorbereitet ist eine Anwesenheitsliste, damit der Klassenlehrer weiß, welche Eltern nicht anwesend sind und zu welchen Tagesordnungspunkten oder Beschlüssen sie über ihre Kinder gesondert informiert werden müssen.

Als Klassenlehrer muss ich mir darüber im Klaren sein, dass ich an einem solchen Abend bei den Eltern ein breites Spektrum vor mir habe, nämlich von Ausländern, die die Sprache kaum verstehen, bis hin zu Akademikern. Deshalb ist eine gründliche Vorbereitung auf einen solchen Abend unerlässlich.

Die Visualisierung der **Tagesordnung** auf Folie ist für die Eltern sicher hilfreich. Der Einstieg mit einer Kari-

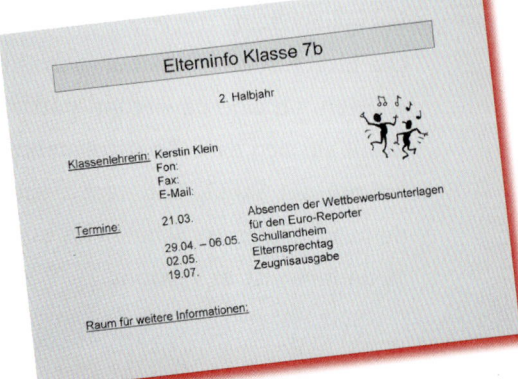

katur oder einem wichtigen Satz auf Folie oder sogar über den Beamer kann die am Anfang oft etwas steife Atmosphäre auflockern.

Hilfreich ist für viele Eltern ein vorbereitetes **Blatt mit den wichtigsten Informationen und Terminen**, z.B. auch mit der Erreichbarkeit des Klassenlehrers und seinen Sprechzeiten. Er muss natürlich für sich abwägen, ob er seine private Telefonnummer und E-Mail-Adresse angibt oder die der Schule.

> *Der Elternvertreter einer 9. Klasse stieg mit einem amerikanischen Sprichwort ein, zu dem er einige Gedanken äußerte:*
> *„Wir sollten uns weniger bemühen,*
> *den Weg für unsere Kinder vorzubereiten,*
> *als unsere Kinder für den Weg."*

Ein guter „Türöffner" ist das Lied „Elternabend" von Reinhard Mey, das manchen zum Schmunzeln bringen wird: „Nichts ist so erlabend, wie ein Elternabend". Hier wird der Elternabend so dargestellt, wie er möglichst nicht ablaufen sollte.

 ## Vorstellung des Klassenlehrers

Wie stelle ich mich als Klassenlehrer kurz und knapp vor, vor allem wenn ich neu bin? Zeige ich ein paar Bilder von mir im Alter meiner Schüler? Was sage ich über meinen Werdegang? Nicht zu vergessen: Was ziehe ich an? Manche Eltern, die ich vor mir habe, müssen sich in ihrem Beruf sehr korrekt kleiden und finden es vielleicht nicht angemessen, wenn ein Lehrer im Freizeit-Look mit Shorts und Sandalen auftritt. Vielleicht helfen folgende Überlegungen weiter: Was passt zu meiner Persönlichkeit? Was passt zu dieser Gelegenheit? Was würde ich denken, wenn ich Elternteil wäre?

145

 ## Informationen zu den Fächern und außerschulischen Vorhaben

Wenn ich eine Klasse schon länger unterrichte und bereits einiges mit ihr unternommen habe, kann ich mit einem Rückblick anfangen. Ich kann dafür eine Mindmap® erstellen oder auch Schüler einbeziehen, die über die verschiedenen Themen und Unternehmungen berichten.

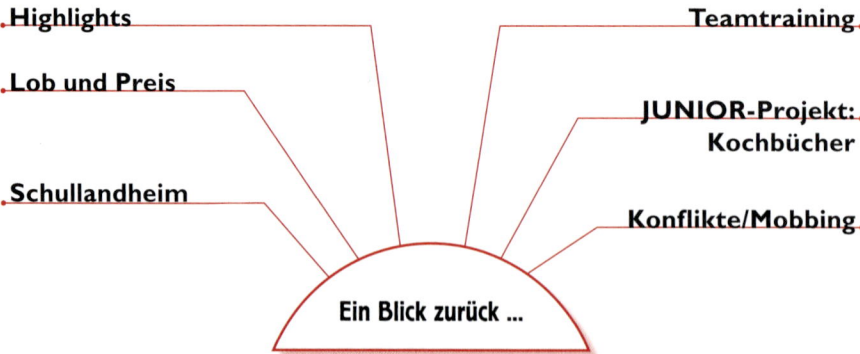

Mit den Informationen zu den Inhalten der Fächer und der Notengebung sollte man sich kurz fassen, wenn sich, wie an manchen Schulen üblich, auch die Fachlehrer damit vorstellen. Als Klassenlehrer möchte ich die Eltern außerdem über die außerunterrichtlichen Vorhaben informieren, die ich mit der Klasse plane, um diese Veranstaltungen mit ihnen abzustimmen. Dafür eignet sich die Übersicht „Der Blick nach vorn …", zu der ich weitere Informationen ergänzen kann:

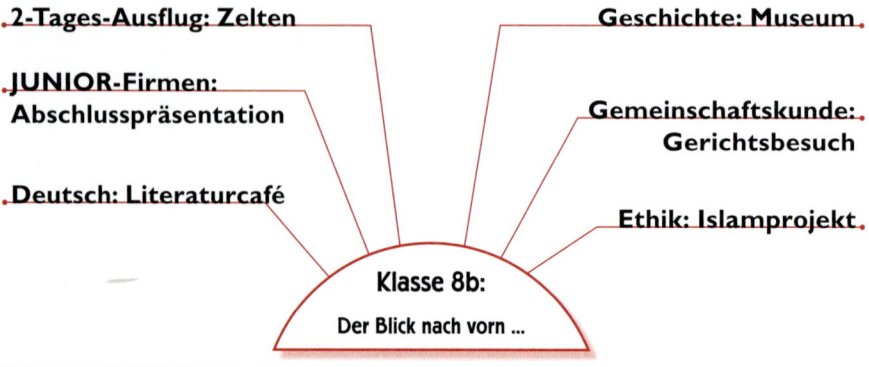

Mindmap® ist eine eingetragene Marke eines fremden Rechtsinhabers.

Informationen zur Klasse

Nicht minder wichtig: Wie stelle ich den Eltern die Klasse vor?
Wie gebe ich ihnen Informationen zum Verhalten ihrer Kinder?

> *Einen guten Einstieg bei einem meiner Elternabende hatte ich mit einer*
> *Folie, auf der die Köpfe aller Schüler der Klasse in Sternform zu sehen*
> *waren. Die Eltern haben bei der Präsentation über den Beamer, bei der*
> *die Einzelnen nacheinander eingeblendet wurden, geahnt, was es bedeu-*
> *tet, 33 Achtklässler zu unterrichten.*

Bei den **Informationen zum Verhalten der Klasse** muss ich
bedenken, dass

▶ eine Klasse aus vielen Individuen besteht,
▶ die Störer in der Regel in der Minderheit sind,
▶ die Mehrheit u. U. sogar unter ihnen leidet,
▶ eine differenzierte Sichtweise erforderlich ist.

Wenn das Verhalten der Klasse immer wieder zu Problemen führt, sollte
man sich überlegen, wie man diese Informationen den Eltern übermittelt.
Pauschale Beschimpfungen und Klagen bringen nicht weiter, sondern
können verständlicherweise sogar erheblichen Unmut unter den Eltern
auslösen. Wenn bestimmte Schüler immer wieder Ärger verursachen,
müssen die Eltern der Störer gesondert informiert und zu einem Gespräch gebeten bzw. entsprechende Maßnahmen bereits im Vorfeld in
die Wege geleitet werden.

Von Elternseite kann sonst durchaus die Frage auftauchen, wer denn zu
den Störern gehört und ob die Eltern bereits informiert wurden. Wenn
man sich nicht darum gekümmert hat, muss man mit entsprechenden Reaktionen der Eltern rechnen, die natürlich wissen möchten, ob ihr Kind
dabei ist. Oft ist es leider sogar der Fall, dass die Eltern der Störer auf
einem solchen Abend nicht anwesend sind.

147

Man kann das Verhalten einer Klasse als **Gegen- überstellung** von positiven und negativen Zügen aufzeigen. Das hat den Vorteil, dass beide Seiten dadurch klarer hervortreten, dass weitere Erklärun- gen die Verhaltensweisen besser beleuchten können und eine differenzierte Darstellung möglich wird.

Durch die Visualisierung kann man die einzelnen Punkte noch einmal genauer anschauen und sich überlegen, wie man damit umgeht. So wird eine fruchtbare Zusammenarbeit mit den Eltern möglich, denn es ist auch ihr Interesse, das positive Verhalten in der Klasse zu verstärken. Mit den Schülern kann am nächsten Tag diese Zusammenstellung diskutiert werden, um sie für ihr Verhalten und die damit verbundenen Folgen zu sensibilisieren.

Da es bei der 7. Klasse beim ersten Elternabend sehr viel Ärger mit Fach- lehrern gab, die sich alle über die Klasse beschwerten, habe ich für den folgenden Elternabend die Fachlehrer schriftlich zum Verhalten der Klasse befragt und den Eltern die Zusammenfassung vorgestellt:

Positives Verhalten	**Probleme**
Sehr kreativ und begeisterungsfähig (6x)	*Unruhe/Chaos durch Kettenreaktionen (3x)*
Verhalten enorm verbessert (5x)	*Einzelne stören und provozieren (2x)*
Großer Arbeitseifer bei Themen, die sie interessieren (4x)	*Einigen fällt es schwer, Regeln einzuhalten (2x)*
Sind bemüht, sich in den Griff zu bekommen (3x)	*Einige sind unduldsam anderen gegenüber (2x)*
Nett, gute Leistungen (2x)	*1/3 ist lustlos und unmotiviert (1x)*

➜ positiver Prozess (5x)

Danach konnten wir die Probleme in Ruhe diskutieren und gemeinsam entsprechende Maßnahmen überlegen.

Aktive Mitarbeit der Eltern

Die Eltern können in die Gestaltung des Abends einbezogen werden, indem Plakate mit Impulsen und Fragen aufgehängt werden, zu denen sie Stellung nehmen können.

Beispiel: Was erwarten Sie in diesem Schuljahr von Ihrer Tochter/Ihrem Sohn? Wie können Sie Ihr Kind unterstützen? Was, glauben Sie, erwartet Ihr Kind von Ihnen?

Dieser Befragung kann vorausgegangen sein, dass die Schüler zusammengetragen haben, was sie von ihren Eltern erwarten.

Erwartungen an die Eltern	
Bei Problemen in der Schule helfen	9
Bei schlechten Noten Hilfe u. Verständnis	8
Die Klasse unterstützen, Lehrern die Meinung sagen	7
Rücksicht nehmen bei Stress	5
Bei BORS unterstützen	3
Nicht immer auf Seiten der Lehrer sein	2
Ruhe zum Lernen ermöglichen	2
Entlastung von der Hausarbeit	2
Sich für den Unterricht interessieren	1

Interessant wird nun der Vergleich. Daraus können sich für alle Seiten wichtige Gespräche entwickeln.

 ## Schülerpräsentationen

Für die Eltern ist ein Einblick in die Unterrichtsarbeit sehr interessant, um zu sehen, was ihre Kinder in dem Alter bereits leisten können. Das kann in Form von Schülerpräsentationen geschehen, durch die Kurzvorstellung guter Arbeitsergebnisse aus verschiedenen Fächern und durch Berichte von gemeinsamen Veranstaltungen.

149

Für die Schüler kann es ein Ansporn sein, zu zeigen, was sie können. Auch ist es für sie ein gutes Training, wenn sie vor den Eltern ihre Arbeitsergebnisse präsentieren können, denn die Eltern sind ein dankbares Publikum. Durchaus lohnend ist es, zum Ende des Schuljahres zu einem zusätzlichen Elternabend einzuladen. Jeder Schüler kann den Eltern einen kleinen Ausschnitt seiner Arbeit vorstellen, lernt dabei, frei und verständlich zu formulieren und gewinnt dadurch an Selbstbewusstsein.

Auszug aus einer Einladung eines Elternvertreters zu einem zusätzlichen Elternabend am Ende des Schuljahres:

Einladung zu einem „Fernsehabend" mit Live-Vorführung
Wie Sie sicher erfahren haben, gehört die Klasse 8a zu den drei ausgewählten, deren Projektarbeit in einem professionellen Video veröffentlicht wird.
Das Programm des Abends sieht vor:
• Erläuterungen und Video zum bis dahin abgeschlossenen Projekt
• Präsentation der Ergebnisse durch die Schülerinnen und Schüler
Zusatz: Damit es ein gemütlicher Abend wird, wird für Getränke gesorgt. Bitte bringen Sie Gläser/Trinkgefäße selbst mit.

2. Elternsprechtage

An den Schulen gibt es Elternsprechtage, die sehr unterschiedlich organisiert werden. Eine besonders angenehme Art habe ich an meiner letzten Schule in Steinheim/Murr kennengelernt. Die Eltern bekommen einige Tage vorher einen Informationsbogen, in dem sie eintragen können, mit welchem Lehrer sie Kontakt aufnehmen möchten. Sie können auch angeben, wann sie Zeit haben. Auch die Lehrer können Wünsche äußern, welche Eltern sie unbedingt sprechen möchten. Der Zeitraum umfasst vier Stunden von 16 – 20 Uhr, pro Stunde können vier Gespräche von ca. 15 Minuten stattfinden. Der Schulleiter arbeitet dann einen Plan aus, was ihn selbst einige Zeit kostet, für Eltern und Lehrer aber sehr vorteilhaft ist, weil dadurch Wartezeiten weitgehend vermieden werden.

So weiß ich, welche Eltern mich besuchen, und kann mich auf die Gespräche in Ruhe vorbereiten.

Ich erstelle für meine Fächer einen **Informationsbogen für die Eltern**, von dem ich eine Kopie behalte. Sie bekommen detaillierte Auskunft, wie ich ihr Kind einschätze. Durch diese Vorbereitung kann ich die Zeit für

das Gespräch nutzen, ohne lange in meinen Unterlagen blättern zu müssen, und es bleibt noch Zeit, über die Klasse im Allgemeinen zu reden und sich auszutauschen.

Wichtig ist, dass der Raum ansprechend vorbereitet ist und Getränke bereitstehen. Wählen Sie eine Sitzordnung, bei der Sie zu-

Elternsprechtag am 22.05.

S. M.

Fach:	Schriftliche Leistung	Mündliche Leistung	Durchschnitt
Deutsch	3,1 (3fach)	3,6 (1fach)	3,2
Geschichte	3,3 (2fach)	3,7 (1fach)	3,4
Gemeinschaftsk.	3,5 (2fach)	2,0 (1fach)	3,0

Leistungsfähigkeit:
- durchschaut Zusammenhänge
- kann sich gut ausdrücken
- hat Probleme damit, sein Wissen „aufs Papier" zu bringen

Verhalten:
- setzt sich oft für die Klasse ein
- hat ein ausgeprägtes Gerechtigkeitsgefühl
- ist manchmal nicht bei der Sache
- könnte sich mehr am Unterricht beteiligen (zu Wort melden!)
- ist manchmal wenig kooperationsbereit

sammen mit den Eltern und ggf. dem Schüler an einem Schülertisch über Eck sitzen. Fragen Sie nach dem Anliegen des Besuches. So geben Sie den Eltern und dem Schüler zunächst die Gelegenheit, mitzuteilen, was ihnen auf dem Herzen liegt. Sie bekommen das Gefühl, ernst genommen zu werden. Das schafft eine gute Atmosphäre, die für diese Gespräche sehr wichtig ist.

Bei **„Problemfällen"** sollten Sie die Eltern immer mit einem konkreten Lösungsvorschlag und einem nächsten vereinbarten Termin nach Hause schicken. So können sich alle Beteiligten auf ein Teilziel einigen, auf das man hinarbeiten kann.

151

3. Elterngespräche

Als Lehrer bittet man Eltern oder
Elternteile meistens dann zu einem
Gespräch, wenn es Probleme mit
dem Sohn oder der Tochter gibt.
Damit weckt man bei den Eltern

> *„Eine gute **Gesprächsvorbereitung**
> ist wie ein grüner Rasen, auf dem sich
> die Beteiligten niederlassen können.“*

gleich die Befürchtung, dass sie sich unter Umständen einer für sie unan-
genehmen Situation stellen müssen, denn es kann sein, dass sie mit ihrem
Kind zu Hause ebenfalls Probleme haben, die sie belasten. Vielleicht verbinden sie mit solchen Gesprächen schlechte Erfahrungen und fühlen
sich vom Lehrer an den Pranger gestellt.
Als Klassenlehrer bemühe ich mich, das **Vertrauen der Eltern** in
solchen Gesprächen wiederherzustellen. Dazu gehören Einfühlungs-
vermögen und eine gründliche Vorbereitung.

Ziel des Gesprächs ist es nicht,
das Gegenüber anzuklagen und zu
belehren, sondern Verständnis zu
wecken und eigene Einsichten zu
ermöglichen. Dazu müssen wichtige Grundregeln für ein solches
Gespräch berücksichtigt werden:

- aktiv zuhören
- Empathie zeigen
- offen und authentisch sein
- ehrliche Rückmeldung geben

Mit der folgenden **Vorgehensweise** habe ich gute Erfahrungen gemacht:

- ▶ Kontakt zu den Eltern aufnehmen, entweder über den Schüler, telefo-
  nisch oder schriftlich, und den Anlass für das Gespräch mitteilen.
- ▶ Mit den Eltern abklären, ob ihr Kind dabei sein soll.
- ▶ Mindestens zwei Termine zur Auswahl geben und um Rückmeldung
  bitten.
- ▶ Erkundigungen über den Schüler bei den anderen Fachlehrern einholen.
- ▶ Noten und Unterlagen, z.B. Hefte oder Arbeiten des Schülers
  bereithalten.

▶ Sich mental auf das einstellen, was in dem Gespräch auf einen zukommen kann.

▶ Die eigene Einstellung gegenüber den Eltern überprüfen.

▶ Anhand der beiliegenden Übersicht einen möglichen Gesprächsverlauf skizzieren.

▶ Für eine störungsfreie und angenehm gestaltete Umgebung sorgen.

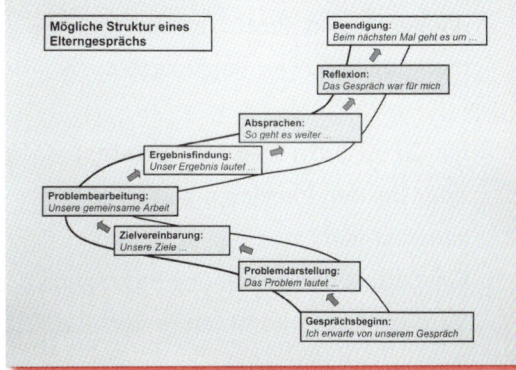

▶ Sich während des Gesprächs Notizen machen.

▶ Verschiedene Sichtweisen zulassen.

▶ Die gemeinsamen Ziele im Auge behalten.

▶ Überprüfen, ob alle Schritte eingehalten wurden, Zielvereinbarung, Ergebnis und weitere Absprachen schriftlich festgehalten sind und die Reflexion über das Gespräch stattgefunden hat.

▶ Sich bei den Eltern für das Gespräch bedanken.

Ich habe durch diese Vorgehensweise mehrmals auch schwierige Elterngespräche, vor denen ich bei neu übernommenen Klassen gewarnt wurde, in positive Bahnen lenken können.

4. Unterstützung und Feedback

Ich habe im Lauf der Jahre viele Eltern kennen gelernt, die ich wegen ihres Engagements für ihre Kinder, für die Schule und für die geplanten Unternehmungen sehr geschätzt habe.

Wenn die Eltern einer Klasse mich bereits kennen und wissen, dass ich bereit bin, mich für ihre Kinder einzusetzen, kann ich auch bei ihnen nachfragen, ob sie mich bei verschiedenen Aktionen **unterstützen** können.

Die Rückmeldung wird meist positiv sein, denn es gibt zahlreiche Eltern, die bereit sind, ihren Teil zur gemeinsamen Arbeit beizutragen.

Ein **Gruß zum Weihnachtsfest** oder bei den Muslimen zum Neujahrsfest kann zu einer positiven Gestaltung der Beziehung beitragen. Von den Eltern kommen in der Regel positive Reaktionen zurück.

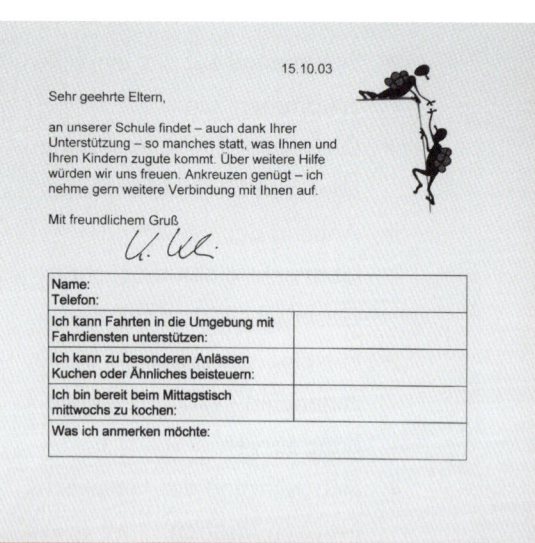

15.10.03

Sehr geehrte Eltern,

an unserer Schule findet – auch dank Ihrer Unterstützung – so manches statt, was Ihnen und Ihren Kindern zugute kommt. Über weitere Hilfe würden wir uns freuen. Ankreuzen genügt – ich nehme gern weitere Verbindung mit Ihnen auf.

Mit freundlichem Gruß

Name: Telefon:	
Ich kann Fahrten in die Umgebung mit Fahrdiensten unterstützen:	
Ich kann zu besonderen Anlässen Kuchen oder Ähnliches beisteuern:	
Ich bin bereit beim Mittagstisch mittwochs zu kochen:	
Was ich anmerken möchte:	

Ebenso können Sie mit den Eltern zusätzlich zur Klassenpflegschaftssitzung **Elternstammtische** durchführen. Diesen sollten von der/dem Pflegschaftsvorsitzenden organisiert werden. Wenn man bei einem Glas Wein oder Bier zusammensitzt, lernt man die Eltern der Schüler sehr viel ungezwungener kennen, bekommt Einblicke ins Familienleben und erfährt somit auch sehr viel Neues über die Schüler.

Zum Ende des Schuljahres kann ich den Eltern in einem **Brief** einen Rückblick auf das Schuljahr geben und mich für ihre Unterstützung und ihr Engagement bedanken.

Auszug aus einem Brief:
Liebe Eltern,
drei Jahre lang war ich Klassenlehrerin der jetzigen 8a – das ist eine lange Zeit, mit der ich zahlreiche Eindrücke und Erlebnisse verbinde. Wir haben viel Erfreuliches miteinander erlebt, Erfolge gefeiert und so manche Schwierigkeit bewältigt ...
Ich möchte Ihnen für die Unterstützung und die vertrauensvolle Zusammenarbeit danken. Wir haben nicht alle Probleme lösen können, aber wir haben uns gemeinsam darum bemüht ...

Abschied nehmen und „Ehemalige" wiedersehen

Fare thee well, and if for ever,
Then forever, fare thee well!

Lord Byron

Die Arbeit mit einer Klasse durchläuft verschiedene **Phasen**, wie ich am Anfang dargestellt habe. Mit der Eingewöhnung, dem Start in die gemeinsame Arbeit, hat es angefangen, nun bin ich bei der letzten Phase angelangt, wir werden auseinandergehen, voneinander Abschied nehmen.

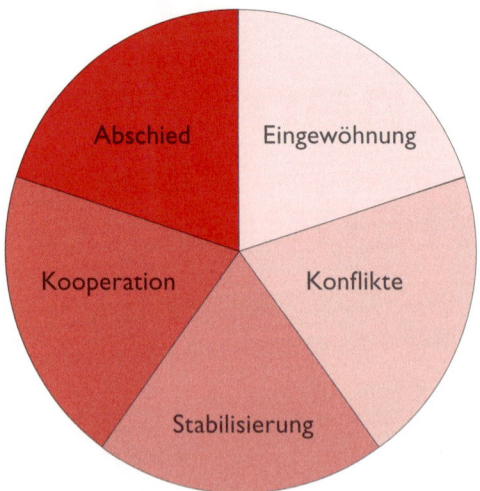

Diese Phase fällt mir und auch den meisten Schülern nicht leicht, denn wir haben viele Höhen und Tiefen miteinander durchlebt und eine gute Beziehung zueinander aufgebaut. Wir sind ein eingespieltes Team geworden.

Nun gehen wir auseinander, um uns auf etwas Neues einzulassen. Das bedeutet für die meisten Schüler, in eine höhere Klasse zu kommen und neue Lehrer zu haben, in einer anderen Klasse oder Schule neu zu beginnen oder in eine Berufsausbildung einzusteigen.

Für mich als Lehrer bedeutet das, mich auf eine neue Klasse einzulassen und mit ihr wieder neu zu beginnen.

1. Schuljahresabschluss

Der Abschluss des Schuljahres ist ein besonderer Einschnitt, zum einen, weil es Zeugnisse gibt, und zum anderen, weil eine lange Ferienpause folgt. Den letzten Tag begehe ich mit den Schülern in einem besonderen Rahmen, wie es an den meisten Schulen üblich ist, denn dafür stehen mir mehrere Stunden in meiner Klasse zur Verfügung.

 Zeugnisausgabe

Das Zeugnis wird von manchen Schülern mit Freude, von vielen aber auch mit Bangen erwartet. Es hat für die meisten einen hohen Stellenwert, weil bestimmte Erwartungen damit verbunden sind. Oft sind es die Erwartungen der Familie, nicht nur der Eltern, oft auch der Großeltern und der weiteren Verwandtschaft. Natürlich spielen auch die eigenen Erwartungen der Schüler eine Rolle, denn nicht alle wissen immer so ganz genau, welche Noten im Zeugnis stehen werden, sei es, weil ein Lehrer seine Notengebung nicht transparent gemacht hat, sei es, weil die Schüler nicht immer alles mitbekommen oder wahrhaben wollen. Nun kommt es eben schwarz auf weiß.

Ich nehme mir nach Möglichkeit die Zeit, jedem Einzelnen das **Zeugnis persönlich auszuhändigen**, auch wenn ich mich ihm dabei nur zwei bis drei Minuten widmen kann. Die übrige Klasse ist für die Zeit beschäftigt. Wenn ich Glück habe, kann der stellvertretende Klassenlehrer diese Aufgabe übernehmen.

Ich stelle einen Tisch und zwei Stühle vor das Klassenzimmer. Die Schüler kommen nacheinander, ich lege ihnen ihr Zeugnis vor und gebe ihnen erst einmal Zeit, sich ihre Noten in Ruhe anzusehen, bevor ich sie frage, womit sie besonders zufrieden oder unzufrieden sind. Dabei erhalte ich oft wichtige Einblicke in ihre Freuden und Nöte.

Jeder erhält von mir den **Vergleich zum vorhergehenden Zeugnis** oder zur Halbjahresinformation mit den Verbesserungen, Verschlechterungen und dem Gesamtdurchschnitt.

Bei Verbesserungen freuen wir uns gemeinsam darüber, bei Verschlechterungen versuchen wir herauszufinden, woran es gelegen haben könnte und was nun zu tun ist.

Wenn ich nicht die Zeit für diese sehr persönliche Art der Zeugnisübergabe habe, gebe ich den Schülern meine Anmerkungen in ein paar Sätzen zu der Übersicht dazu:

Lieber J.,

du hast in diesem Schuljahr leider den Anschluss verpasst – aus verschiedenen Gründen, wir haben schon so manches Mal darüber gesprochen. Wenn ich dein Zeugnis betrachte, möchte ich dir empfehlen, die 8. Klasse in der Hauptschule zu wiederholen, damit du einen guten Abschluss machen kannst. Du hast zu viele Lücken.

Ich hätte dich gern weiterhin in der Klasse gehabt, denn du warst ein engagierter Klassensprecher und hast mich in vielen Dingen zuverlässig unterstützt. Vor allem noch einmal ein Lob für die kompetente Moderation bei der Hauptversammlung!

	Rel	D	Ek	G	Gk	E	M	Ph	Ch	Bio	Sp	Mu	Bk	Mu M	ITG	Ø
02/03 I. Hj.	3	4–5	5+	3		5	5–	4–5	4+	4–5	2+	4+	4–5	4+	2–3	3,4
02/03 2. Hj.	2	4	5	3	3	5	5	5	5	4	2	4	5	5	2	3,9

Alles Gute für deinen weiteren Weg!

Die Rückmeldung über diese persönliche Art der Zeugnisübergabe wurde von den Schülern immer als besonders positiv empfunden.

Anerkennung und Trost

Die Schüler, die einen besonders guten Notendurchschnitt erreichen, erhalten an manchen Schulen dafür Belobigungen oder sogar Preise. Ich habe bei meinen Klassen eingeführt, dass nicht nur die Schüler, die besonders gute Noten erzielt haben, etwas bekommen, sondern ich belohne auch besonderes Engagement und positives Verhalten.

Wer kann also etwas bekommen?
Was bekommen diese Schüler von mir?

Klassensprecher

Besonderes Lob verdienen diejenigen, die sich für die Gemeinschaft eingesetzt haben. Dazu gehören die Klassensprecher, wenn sie sich durch ihr Engagement besonders hervorgetan haben.

Tagebuchordner

Ich bin froh, wenn ich Schüler finde, die dafür sorgen, dass alle Lehrer ihre Eintragungen ins Klassentagebuch vornehmen. Es erfordert von diesen Schülern Gewissenhaftigkeit und oft auch Hartnäckigkeit, säumige Lehrer an ihre Pflichten zu erinnern.

Weitere besonders engagierte Schüler

Immer wieder gibt es Schüler, die sich bei verschiedenen Vorhaben besonders einbringen: Blumen versorgen, Klassenschrank betreuen, Aktionen der Klasse filmen, Mathe-Nachhilfe für die Mitschüler geben (gute Mathematikschüler können oft besser erklären als der Fachlehrer), Spielesammlung betreuen …

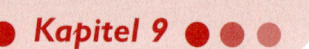
Manchmal dürfen sie sich etwas aus meinem „Kischtle" aussuchen, das ich dafür noch einmal aufgefüllt habe, oder ich besorge für jeden ein kleines persönliches Geschenk, z.B. ein Buch, einen Schülerkalender, Stifte, Mäppchen etc.

Sitzenbleiber

Ein Buchgeschenk und eine persönliche Abschiedskarte von mir bekommen diejenigen, die die Versetzung nicht geschafft haben und vielleicht sogar die Schule verlassen müssen. Diese Schüler brauchen oft am meisten Trost und Zuwendung.

Für jeden etwas ...

Wenn ich eine Klasse abgebe, bekommt zum Abschluss jeder von mir eine Kleinigkeit als Andenken an unsere gemeinsame Zeit. Manchmal ist es ein Päckchen mit Papiertaschentüchern mit besonderen Motiven, eine Karte mit einem ermutigenden Spruch, ein passendes Gedicht mit einem Bild dazu oder manchmal auch eine CD mit den Bildern vom vergangenen Schuljahr.
Das ist vom Alter der Schüler abhängig.

Auch ich habe zum Ende der gemeinsamen Zeit sehr schöne Andenken von meinen Klassen bekommen, oftmals sehr persönlich gestaltete Foto-alben mit Erinnerungen an die gemeinsamen Unter-nehmungen.

Viele Menschen treten in dein Leben, aber nur wenige hinterlassen Spuren in deinem Herzen

Und Sie haben bei uns Spuren hinterlassen!

Als ich als Lehrer die Schule wechselte, bekam ich von meinen Schülern eine mit netten Kleinigkeiten gefüllte Schultüte:

„Schenk mir eine Seite ..."
Jeder bekommt von mir ein DIN-A4-Blatt, etwas fester als normales Papier und vielleicht in einer besonders schönen Farbe oder Struktur. Ich wünsche mir von jedem, dass er mir diese Seite als Abschiedsgeschenk gestaltet. Sie kann bemalt werden, beklebt, mit eigenen Texten beschrieben oder mit fremden Texten versehen werden,

Gemalt von Çuçu

die den Schülern besonders gefallen. Es darf auch mehr als eine Seite werden. Das ist ein sehr persönliches Abschiedsgeschenk von einer Klasse, zu der man einen besonders guten „Draht" hat, und eine wunderschöne Erinnerung. Vielleicht ist jemand aus der Klasse bereit, diese Seiten zu einem Heft einzubinden, sonst kann man sie auch in ein Heft einkleben lassen oder selbst zu einem Büchlein zusammenfassen.
Ich erfreue mich bis heute an diesen ganz vielfältig gestalteten Seiten.

161

2. Abschlusszeitung

Eine Abschlusszeitung ist ein schönes Andenken an die gemeinsame Zeit.
Auch wenn die Schüler vielleicht nicht sofort den Wert erkennen, so
nehmen sie diese Zeitung später
bestimmt gerne zur Hand.

Es gibt viele verschiedene Arten,
eine solche Zeitung zu gestalten.

Informationen zu jedem einzelnen Schüler und zu den Lehrern:

▶ Jeder schreibt etwas über
   sich, in Kleingruppen schreibt
   man etwas übereinander.
▶ Ein Bild des Schülers gehört
   dazu, vielleicht ein aktuelles
   und ein Kinderbild oder z.B. das Einschulungsbild oder …
▶ Ein Motto kann für jeden ergänzt werden, ein Traumberuf,
   das Lieblingslied oder Lieblingsessen.
▶ Vielleicht hat der Klassenlehrer selbst geschriebene Texte
   der Schüler aus unteren Klassen aufgehoben.
▶ Vielleicht gibt es noch weitere Erinnerungen …

Bilder:
▶ Grundschule
▶ von gemeinsamen Unternehmungen
▶ Klassenfotos

Texte:
▶ verschiedene besondere Ereignisse
▶ Schullandheim-Tagebücher

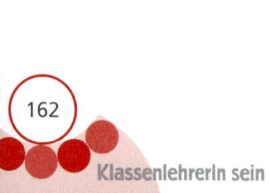

KlassenlehrerIn sein

Herstellung:

▶ Verteilung untereinander.

▶ Jeder übernimmt einen Teil.

▶ Gruppen sind für die verschiedenen Kapitel,
  Layout, Drucken und Binden zuständig.

Weitere Tipps:

▶ **Schüler:** Früh anfangen mit dem Sammeln.

▶ **Lehrer:** Passende Schülerarbeiten aufheben, z.B.
  habe ich eine ganz besondere Strafarbeit aufgehoben.
  Wenn ich sie Referendaren vorlese, können sie kaum
  glauben, was Schüler in einer 5. Klasse alles wahrnehmen und was ihnen schon durch den Kopf geht.

Hier als Auszug die letzten Sätze einer Strafarbeit von Ute:

> Es stimmte, dass wir viel
> rumbeödeln, aber das ganze
> laude hintere Klassenteil
> war noch viel viel lauter
> als wir. Und Herr Mayer
> erzällt mal was von Frau
> Schnapper, daß Corina und
> ich dort auch auf gefallen
> waren. Das muss sehr
> lange her sein, den von
> dem ist mir nichts mehr
> bekannt.

Der folgende Text ist das Vorwort zu einer dieser Abschlusszeitungen aus dem Jahr 1980. Zum Klassentreffen 2005 – also 25 Jahre später – haben einige Schüler diese Abschlusszeitung mitgebracht:

❮❯ *Nun haben wir's doch noch zustande gebracht*
und eigentlich hat es viel Freude gemacht.
Vielleicht wird sich mancher im kommenden Jahr
doch gerne erinnern, wie schön die Zeit war.
Und nimmt er dann dieses Büchlein zur Hand,
dann sieht er sie alle, die lang er gekannt.
Von vielem, was wir gemeinsam betrieben,
sind Bilder und Text als Erinn'rung geblieben.
Und wenn auch so mancher sich nicht engagiert,
vielleicht kommt die Zeit, wo's ihn doch int'ressiert.
Es könnte noch mehr in dem Büchlein stehen,
von so mancher Tour, wo so vieles geschehen.
Von denen, die teilten viel Freud und auch Leid
der meist sechsjährigen Realschulzeit.
So manches davon steht hier nun geschrieben.
Sechs lange Jahre – wo sind sie geblieben?

3. Ausklang

Bevor man sich von dem Umfeld und den Personen, die einem über mehrere Jahre vertraut waren, verabschiedet, sollte man zum Abschluss noch etwas Gemeinsames gestalten.

Gemeinsames Frühstück

Ein schöner Ausklang eines gemeinsam verbrachten Schuljahres kann nach dem offiziellen Teil, der Zeugnisausgabe, ein gemeinsames Frühstück sein.

Jeder bringt dafür etwas zum gemeinsamen Verzehr von zu Hause mit, dazu Tasse oder Becher, Teller und Besteck für sich selbst.

Zwar haben fast alle Schulen eine Schulküche, die ist jedoch in der Regel nicht darauf eingestellt, dass von mehreren Klassen Geschirr geholt wird. Auch müsste hinterher alles gespült und einsortiert werden, was zeitauf-

wändig ist. Deshalb ist es am einfachsten, wenn jeder Schüler sein Geschirr und Besteck mitbringt und wieder mit nach Hause nimmt.

Was mitgebracht wird, richten die Schüler, die sich dafür bereit erklärt haben,

schön dekoriert auf einem großen Tisch in der Mitte des Klassenzimmers an. Die Schülertische sind in zwei Reihen rechts und links vom Büfett aufgestellt, sodass jeder von beiden Seiten Zugang zum Büfett hat.

Wichtig für mein eigenes Wohlbefinden: Die wichtigsten **Benimm-Regeln** müssen vorher trainiert sein, sonst gibt es, je nach Alter und Disziplin der Schüler, sehr viel Unruhe, d.h. jeder stürmt los und nimmt, was er kriegen kann, und andere kommen zu kurz. Wenn die Regeln klar sind, kann auch ich als Klassenlehrerin mich in Ruhe mit den Einzelnen unterhalten und das Schuljahr ausklingen lassen.

 Spiele für einen gemeinsamen Abschluss[30]

Zirkus-Rakete	
Alter:	ab 8 Jahre
Anzahl:	2–25 Spieler
Ort:	eine ebene Fläche im Freien oder im Raum
Material:	keines
Spielart:	Bewegung, Teamwork

▶▶▶▶

[30] Hechenberger, Alois u.a.: Bewegte Spiele für die Gruppe. Münster 2001.

▶▶▶

Alle stehen sehr eng im Kreis. Die Spieler blicken zur Kreismitte hin und haben den Oberkörper nach vorne gebeugt. Die Hände berühren fast die Fußspitzen.

Auf ein Zeichen klopfen sich alle die Füße, dann die Unterschenkel und Oberschenkel ab und richten dabei den Oberkörper langsam auf. Während des Klopfens rufen die Spieler ein immer lauter werdendes „Heee-HOP!" und strecken zum Schluss die Hände wie zu einer Rakete senkrecht nach oben.

Silvester-Rakete

Alter:	ab 6 Jahre
Anzahl:	2–25 Spieler
Ort:	sowohl im Raum als auch im Freien
Material:	keines
Spielart:	Fantasie, Überraschungseffekt

Alle halten die Hände gefaltet vor sich. Auf ein Zeichen ziehen alle langsam die Hände über den Kopf hoch in den Himmel – wie bei einem Raketenstart üblich mit einem kräftigen „schsch" – und starten so die Rakete.

Danach beide Hände links und rechts zur Seite strecken und dann über dem Kopf wieder zusammenklatschen.

Nach dem Klatschen die Arme zur Seite ausstrecken und mit einem genussvollen „Ahhh" die Silvesterrakete bestaunen.

 ## *Weitere Möglichkeiten*

Man kann auch etwas vorlesen bzw. vorlesen lassen, spielen, miteinander singen, die Bilder vom Schullandheim anschauen, Eis essen gehen, mit den Eltern zusammen grillen, je nach Alter und Temperament der Klasse.

4. Feedback

Während des Schuljahres hole ich mir von meiner Klasse immer wieder Rückmeldung durch einfache Feedback-Methoden wie Blitzlicht, Punkteblitzlicht, Ampelkärtchen oder knapp gefasste Fragebögen, wie in Kapitel 4 beschrieben.

Am Ende des Schuljahres halte ich eine ausführliche schriftliche Rückmeldung durch einen Fragebogen für sinnvoll. Die Auswertung ist für mich sehr interessant, und die Ergebnisse geben mir die Möglichkeit, meinen Unterricht zu überdenken und gegebenenfalls umzugestalten.

Bei einer 7. Klasse ergab die Auswertung der Rückmeldungen am Ende des Schuljahres Folgendes:

Mir hat besonders gut gefallen:

◑ *Unterrichtsgestaltung*
- ♦ *abwechslungsreicher Unterricht, hat Spaß gemacht*
- ♦ *besondere Aktionen/Euro-Projekt/Museumsbesuch*
- ♦ *Gruppenarbeit und Freiarbeit*
- ♦ *Plakat herstellen*
- ♦ *aktuelle Themen*
- ♦ *Lesen am letzten Tag vor den Ferien*

◑ *Umgang mit unserer Klasse*
- ♦ *gelassen, geduldig, kein Schreien, fair*
- ♦ *gute Zusammenarbeit mit uns, nicht so streng*
- ♦ *unsere Meinung ist gefragt*
- ♦ *jeder kommt zu Wort*
- ♦ *nicht alles so ernst nehmen/Scherz machen*
- ♦ *reden mit uns persönlich*
- ♦ *offenes Ohr bei Problemen*
- ♦ *bereit, sich für uns einzusetzen*

❥ Mich hat gestört:

♦ *zu wenig Filme, Ausflüge, Spiele*

♦ *wir wollen mehr machen, was wir wollen*

♦ *oft zu spät in die Pause*

♦ *zu wenig Beteiligung am Unterricht durch uns*

❥ Was ich Ihnen noch sagen möchte:

Machen Sie weiter so – Behalten Sie die Nerven, auch wenn Sie wieder so eine schwierige Klasse wie uns kriegen – So ist es in Ordnung

In einer 8. Klasse habe ich durch die offene Form des Assoziationssterns das Schuljahr noch einmal überdenken lassen:

Sechs solcher Bögen wurden beschrieben, anschließend wurden die Informationen von den einzelnen Gruppen zusammengefasst und den anderen vorgestellt. In einem Gespräch hätte ich sicher nicht von einer solchen Vielfalt von Erlebnissen erfahren.

5. Klassentreffen

Einjähriges, fünfjähriges, zehnjähriges, zwanzigjähriges … Treffen!!!
Spannend sind für mich die Rückmeldungen, die ich bei solchen Treffen
erhalte, denn viele von meinen ehemaligen Schülern haben inzwischen
selbst Kinder und vergleichen deren Schulerfahrung mit ihrer eigenen.

Was ist in Erinnerung geblieben?

In Erinnerung bleiben, das ist meine Erfahrung, vor allem die gemeinsamen
Ausflüge, Schullandheimaufenthalte und Studienfahrten, denn sie haben
die Gemeinschaft, das Miteinander und die Beziehungen geprägt.
Besonders schöne Jugendherbergen wurden nach der Schulzeit mit Freunden wieder einmal aufgesucht und bei Urlauben zu Übernachtungen
angesteuert.

Die gemeinsamen Unternehmungen haben Erfahrungen ermöglicht, die
über die Schulzeit hinaus wirken, ebenso die gemeinsamen Aktionen, wie
die Renovierung des Klassenzimmers, die Auto-Wasch-Aktion, die Projekte, die Ausstellungen und die Teilnahme an Wettbewerben. Haften geblieben sind bei einigen meine Informationen, die ich damals zum Thema
„Wie lerne ich richtig" gegeben habe.

Kenne ich beim Treffen von „Ehemaligen" noch alle Namen?

Wenn viele Jahre dazwischenliegen, ist es nicht ganz einfach, die ehema-
ligen Schüler wiederzuerkennen. Zu sehr haben sich die Gesichter vom
Kind, vom Jugendlichen auf dem Weg zum Erwachsenen geändert.
Nach Möglichkeit suche ich mir vorher ein Klassenfoto und die Namens-
liste heraus und versuche, die Namen den Gesichtern zuzuordnen.
Das erleichtert das Wiedererkennen.

Was bringen die ehemaligen Schüler zu solchen Klassentreffen mit?

Meist werden Bilder von Unternehmungen mitgebracht, ein Film über das
Schullandheim, die Abschlusszeitung, das gemeinsam erstellte Liederbüch-

lein und viele, oft so unterschiedliche Erinnerungen, dass ich mich schon manchmal gefragt habe, ob die Schüler, die ich da vor mir habe, überhaupt in derselben Klasse gewesen sind.

Vieles davon weiß ich selbst schon nicht mehr, allerdings werden doch so manche Erinnerungen geweckt. Deshalb sind diese Treffen für mich immer sehr spannend.

Tätigkeit des Klassenlehrers aus Schülersicht

Bei einem der letzten Klassentreffen habe ich ehemalige Schüler mit einem Fragebogen um ein Feedback gebeten. Die Rückmeldungen habe ich mit den Ergebnissen einer Klasse verglichen, die 25 Jahre später ihren Realschulabschluss gemacht hat.

Die meisten Schüler der ersten Klasse hatte ich von Klasse 5 bis 10 als Klassenlehrerin, also über die gesamte Realschulzeit. Sie haben 1980 die Mittlere Reife gemacht und sind heute zum Teil auch Eltern und haben ihre Kinder bereits in der Schule.

Die Befragung habe ich bei der Feier ihres 25-jährigen Realschulabschlusses durchgeführt. 15 ehemalige Schüler waren bei dem Treffen anwesend. Es waren mehrfache Nennungen möglich, wobei ich keine Begriffe vorgegeben habe. Sie wurden von den ehemaligen Schülern so formuliert, allerdings von mir etwas vereinheitlicht und zusammengefasst.

Bei der anderen Klasse war ich von Klasse 7 bis 9 Klassenlehrerin. Die Befragung habe ich 2005 vor ihrem Realschulabschluss durchgeführt. 25 Schüler waren bei der Befragung anwesend. Auch hier habe ich keine Begriffe vorgegeben, nur bei der Auswertung etwas vereinheitlicht und zusammengefasst.

Welche Aufgaben hat ein Klassenlehrer deiner Meinung nach?

Abschluss 1980	%	Abschluss 2005	%
Teamgeist stärken, soziale Fähigkeiten fördern	80	sich für die Klasse einsetzen, sie schützen und verteidigen	68
außerunterrichtliche Veranstaltungen organisieren	80	Wissen vermitteln und den Unterricht interessant gestalten	52
Vertrauensperson/Ansprechpartner sein, „offenes Ohr haben"	60	Vertrauensperson/Ansprechpartner sein, „offenes Ohr haben"	52
bei Konflikten unter Schülern vermitteln	60	auf Konflikte und Probleme eingehen	44
hinter der Klasse stehen	47	gutes Verhältnis zur Klasse herstellen	40
Probleme bei einzelnen Schülern erkennen und Hilfe geben	47	auf einzelne Schüler eingehen und ihnen helfen	40
bei Konflikten mit Lehrern vermitteln	47	Hilfe geben bei „Durchhängern"	40
Stärken, Selbstständigkeit fördern	40	loben, ermutigen, Selbstvertrauen stärken	36
mit Eltern kommunizieren	27	sich gut vorbereiten	36
zeitgemäß unterrichten, Wissen vermitteln und Interesse wecken	20	Unternehmungen und Projekte organisieren	36
Werte vermitteln, Vorbild sein	13	aufs Berufsleben vorbereiten	12

Welche Eigenschaften und Fähigkeiten braucht ein Klassenlehrer, um seine Tätigkeit gut auszuüben?

Abschluss 1980	%	Abschluss 2005	%
Offenheit und Flexibilität	67	Humor, Freundlichkeit, gute Laune	96
Einfühlungsvermögen	53	Geduld und gute Nerven	72
Durchsetzungsvermögen	47	Fairness, Gerechtigkeitssinn	68
soziale Einstellung	40	Durchsetzungsvermögen	60
Fairness, Gerechtigkeitssinn	33	Offenheit und Flexibilität	32
Organisationsfähigkeit	27	Einfühlungsvermögen	32
zuhören können	27	starke Persönlichkeit	24
Schüler ernst nehmen	27	bei Konflikten vermitteln	16
Geduld und gute Nerven	20	zuhören können	16
Selbstbewusstsein	13	Menschenkenntnis	12

Die Befragung von nur zwei Klassen kann nicht repräsentativ sein. Die Ergebnisse sind aber trotz 25 Jahren Altersunterschied ähnlich und können Ihnen zumindest eine Orientierung geben.

171

Literatur

Arnold, Ellen:
Jetzt versteh' ich das! Bessere Lernerfolge durch Förderung der verschiedenen
Lerntypen. Verlag an der Ruhr. Mülheim
2000. ISBN 3-86072-587-4

Dennison, Paul/Dennison, Gail E.:
Lehrerhandbuch Brain Gym.
Verlag für Angewandte Kinesiologie.
Freiburg 1991. ISBN 3-924077-70-3

Diephold, Siga (Hrsg.):
Die Fundgrube für Klassenlehrer.
Cornelsen Scriptor. Berlin 1999.
ISBN 3-589-22188-7

Esser, Susanne:
Mein Betriebspraktikum. Verlag an der
Ruhr. Mülheim 1999. ISBN 3-86072-423-1

Gilsdorf, Rüdiger/Kistner, Günter:
**Kooperative Abenteuerspiele 1
und 2.** Kallmayer-Verlag.
Seelze-Velber 1995 und 2001.
ISBN 3-7800-5801-4
ISBN 3-7800-5822-7

Grinder, Michael:
**NLP für Lehrer. Ein praxisorientier-
tes Arbeitsbuch.** Verlag für Angewandte
Kinesiologie. Freiburg 1991.
ISBN 3-924077-21-5

Grönwoldt, Peter:
Erfolgslehrer. Klett-Cotta.
Stuttgart 2003. ISBN 3-608-94243-2

Hechenberger, Alois u.a.:
Bewegte Spiele für die Gruppe.
Ökotopia Verlag. Münster 2001.
ISBN 3-931902-74-9

Kahl, Reinhard:
Treibhäuser der Zukunft. Wie in
Deutschland Schulen gelingen. Archiv
der Zukunft, 2005[2].

Kasper, Horst:
**Schülermobbing – tun wir was
dagegen!** AOL-Verlag. Lichtenau 2002.
ISBN 3-89111-713-2

Kasper, Horst/Lindemeier, Bernd:
**Wer mobbt, braucht Gewalt – mob-
bingfreie Lehrerzimmer für das gute
Schulklima.** Beltz Verlag. Weinheim und
Basel 2004. ISBN 3-922366-53-8

Kindler, Wolfgang:
Man muss kein Held sein – aber …!
Verhaltenstipps für Lehrer in Konfliktsitu-
ationen und bei Mobbing. Verlag an der
Ruhr 2006. ISBN 3-8346-0064-4

Klein, Kerstin:
So erklär´ ich das! 60 Methoden für
die produktive Arbeit in der Klasse.
Verlag an der Ruhr. Mülheim 2002.
ISBN 3-86072-733-8

Klippert, Heinz:
Teamentwicklung im Klassenraum.
Übungsbausteine für den Unterricht.
Beltz Verlag. Weinheim und Basel 1998.
ISBN 3-407-62536-7

Lanig, Jonas:
**Wandertage und Klassenfahrten
ohne Stress. 50 Ideen und Projekte
für sinnvolle Ausflüge und Exkursio-
nen.** Verlag an der Ruhr. Mülheim 2005.
ISBN 3-8346-0023-7

Langemaack, Barbara/
Braune-Krickau, Michael:
Wie die Gruppe laufen lernt. Beltz
Verlag. Weinheim und Basel 1995[5].
ISBN 3-621-27452-9

Lloyd, Linda:
Des Lehrers Wundertüte. Verlag für
Angewandte Kinesiologie. Freiburg 1991.
ISBN 3-924077-26-6

Miller, Reinhold:
**99 Schritte zum professionellen
Lehrer.** Kallmeyer Verlag. Seelze 2004.
ISBN 3-7800-4938-4

Miller, Reinhold:
Beziehungsdidaktik. Beltz Verlag.
Weinheim und Basel 1997.
ISBN 3-407-25217-X

Mittelstädt, Holger:
Basics für Junglehrer. Der optimale
Einstieg in den Arbeitsplatz Schule.
Verlag an der Ruhr. Mülheim 2006.
ISBN 3-8346-0063-6

Riegel, Enja:
Schule kann gelingen. S. Fischer Verlag.
Frankfurt 2004. ISBN 3-596-16168-1

Voss, Reinhard (Hrsg.):
**Unterricht aus konstruktivistischer
Sicht.** Die Welt in den Köpfen
der Kinder. Luchterhand Verlag.
Neuwied 2002. ISBN 3-407-25400-8

Internetadressen

Kap. 5
www.ass-hn.de/bewegte-schule/
Bewegung als Unterrichtsprinzip: Bewe-
gungsanlässe, Bewegungspausen, Entspan-
nungs- und Stilleübungen, themenbezoge-
nes Bewegen

Kap. 6
www.djh-reisen.de/de
Übersicht über die Jugendherbergen,
Tipps zur Planung und Durchführung von
Klassenfahrten, Richtlinien der Bundeslän-
der, Literatur-Hinweise etc.

www.fernwege.de
Übersicht über die Fernwanderwege:
Etappen und passende Jugendherbergen
heraussuchen und zu einer mehrtägigen
Route kombinieren

www. schullandheim.de
Übersicht über Schullandheime nach Bundesländern, KMK-Empfehlung zur pädagogischen Bedeutung und Durchführung von
Schullandheimaufenthalten etc.

www.erlebnispaedagogik.de
Linkliste zu vielen interessanten Anbietern
in diesem Bereich

www.frieslandcharter.de
Sehr empfehlenswertes Familien-
unternehmen

www.zeilvloot.nl
Empfehlenswertes Unternehmen mit grö-
ßerer Flotte und umfangreichem Angebot

www.juniorprojekt.de
Unterstützung und Begleitung von Junior-
firmen durch das Institut der Deutschen
Wirtschaft in Köln

www.theo-prax.de
„Projektarbeit mit Ernstcharakter“:
Projektaufträge für Schulklassen in
Zusammenarbeit mit Unternehmen

www.schulprojekte-online.de
Informationen, Materialien und Tools
für den Projektprozess, von der Planung
bis zur Auswertung

www.politische-bildung.de
Bundeszentrale für politische Bildung:
kostenlose Publikationen zu politischen
Themen; Übersicht über die Landes-
zentralen, die politische Seminare mit
Schulklassen durchführen

Kap. 7
www.berufswahlpass.de
Hilfestellung für die Berufswahl

www.interesse-beruf.de
Eignungstests zur Berufsvorbereitung

www.machs-richtig.de
Berufswahlunterlagen der Bundesagentur
für Arbeit

www.qualipass.de
Mappe für Bewerbungsunterlagen
mit entsprechenden Formularen

www.schulbank.de
Angebot preisgünstiger Hefte zur
Vorbereitung auf die Berufswahl

Allgemein
www.gew.de/Links_2.html
Linkliste mit vielen wichtigen Adressen:
KMK, Ministerien der Länder, Shell-Studie,
Weltkindergipfel etc.